ぴょこたんの
なぞなぞめいろブック

このみ・プラニング

ちょうせん！おばけめいろ

いいお天気《てんき》。
さんぽにいくのに
ぴったりの日《ひ》ね！
ミミレ
カメたん
ホント ホント。
ぼく、おなか
すいちゃった～
もんきち
え！ もう
お昼《ひる》ごはんの話《はなし》？
まだ、ぴょこたんが
きてないよ
ゴリすけ
ぴょこたん
ねぼう
したのかな？
おそいよな～
ねえねえ
あの、空《そら》に光《ひか》ってるの
なんだろう？
お？
キラリン
ドド
わーーーっ！
なに？
この
とびら！

めちゃめちゃ あやしいぜ…
でも おもしろそう！ 入《はい》ってみようよ
パタン
みんな〜 おまたせ〜！
ぴょこたん
あれっ？ みんな、どこに いるんだろ？ お！ これは カメたんの すいとうだ
どうもあやしいね、このとびら…。まさか、みんなこの中《なか》？
おっと、あくぞ！ ぼくも いってみよう！
すたっ

あらためてコンニチハ。
ぼく、ぴょこたん!
ねえ、見《み》て。
ぶきみなおしろだけど、
また中《なか》に入《はい》って
みるよ…
バターン
ワオ!

ワハハハ
う〜ん。けっこうこわいなあ。
だけど…みんなを さがしにいかなくちゃ

ハアイ！　ぴょこた～ん、
いらっしゃ～い。
モンスター＆《アンド》おばけのせかいの
入口《いりぐち》へ、ようこそ！
友《とも》だちは1から4のとびらのむこう。
でも～、さいしょは数字《すうじ》のない
とびらしかひらかないよ～ん。
さあ、いくしかないよ～！
ぴんぽんぱんぽーん♬
4
3
なんだ
なんだ？

なるほど。
きっと中《なか》で
つながってるよね。
よし、いこう!

さいしょは、はしごのめいろか！　よし進《すす》むぞ！
スタート

ハ〜イ、
いらっしゃ〜い！
ボク、おばけのひゅ〜たろう。
とにかくボクに
ついてきな！
ゴール

ども、こんばんは。朝《あさ》でも昼《ひる》でもこんばんは。いちおう、おばけだからね
ヒュヒュッとね…♡
ども、ぴょこたんです。ぼくはうさぎだよ〜
こっちはボクの友《とも》だちのポッチ
ワン
イヌのおばけだ！
ボクとポッチは、と〜〜〜〜っても長《なが》いこと友《とも》だちなんだよ。三百年《さんびゃくねん》くらい！だって、おばけだからね
ヨーシとってコイ！

ところでぴょこたんも、友《とも》だちをさがしているんでしょ?
さいしょのとびらまでは、ボクがあんないするよ~
ヤッター!
でも、どこへいっても めいろがたっくさんあって、なぞなぞなんかもクリアーしないとダメだから、とてもたいへんだよ!
オッキタキタ
スゴイや~♡
まずはボクのなぞなぞから……
…ポッチ??!?
なんでそんなもんとってきたのーっ?
…話《はなし》が長《なが》いから、もう先《さき》へGO《ゴー》だね!
コワイよ!

じゃ〜まずは、
こんばんは…のおばけから
答《こた》えに「ばん」がつく
なぞなぞだーい。
せいかいは、
202ページに
あるからね
1
「ばん」は「ばん」でも
夜《よる》じゃない。
名前《なまえ》やせんでんが
書《か》かれた
「ばん」って、
なーに？
タロウ

2

「ばん」は
「ばん」でも
いろんなものを
のみこんで、
人《ひと》に持《も》ちあるかれる
「ばん」って、なーに?

3

「ばん」は「ばん」でも
だれかがでかけたとき、
のこった人《ひと》がしている
「ばん」って、
なーに?

4

「ばん」は
「ばん」でも
金色《きんいろ》にかがやく
古《ふる》いじだいのお金《かね》の
「ばん」って、なーに?

こんどは
めいろだね。
どんどんいこう！
スタート

やった！
ゴール

やあ、ぴゅ～たろうだよ
あたしは、ぷうこよ
わっ！ふえた…？
じゅんばんめいろだよ。
ボク ← ぴゅ～たろう ← ぷうこ
…をくりかえせば、左右上下《さゆうじょうげ》どっちに進《すす》んでもいいよ！
スタート

つぎだ！
ゴール

先《さき》のページと
いったりきたり
するんだね
スタート

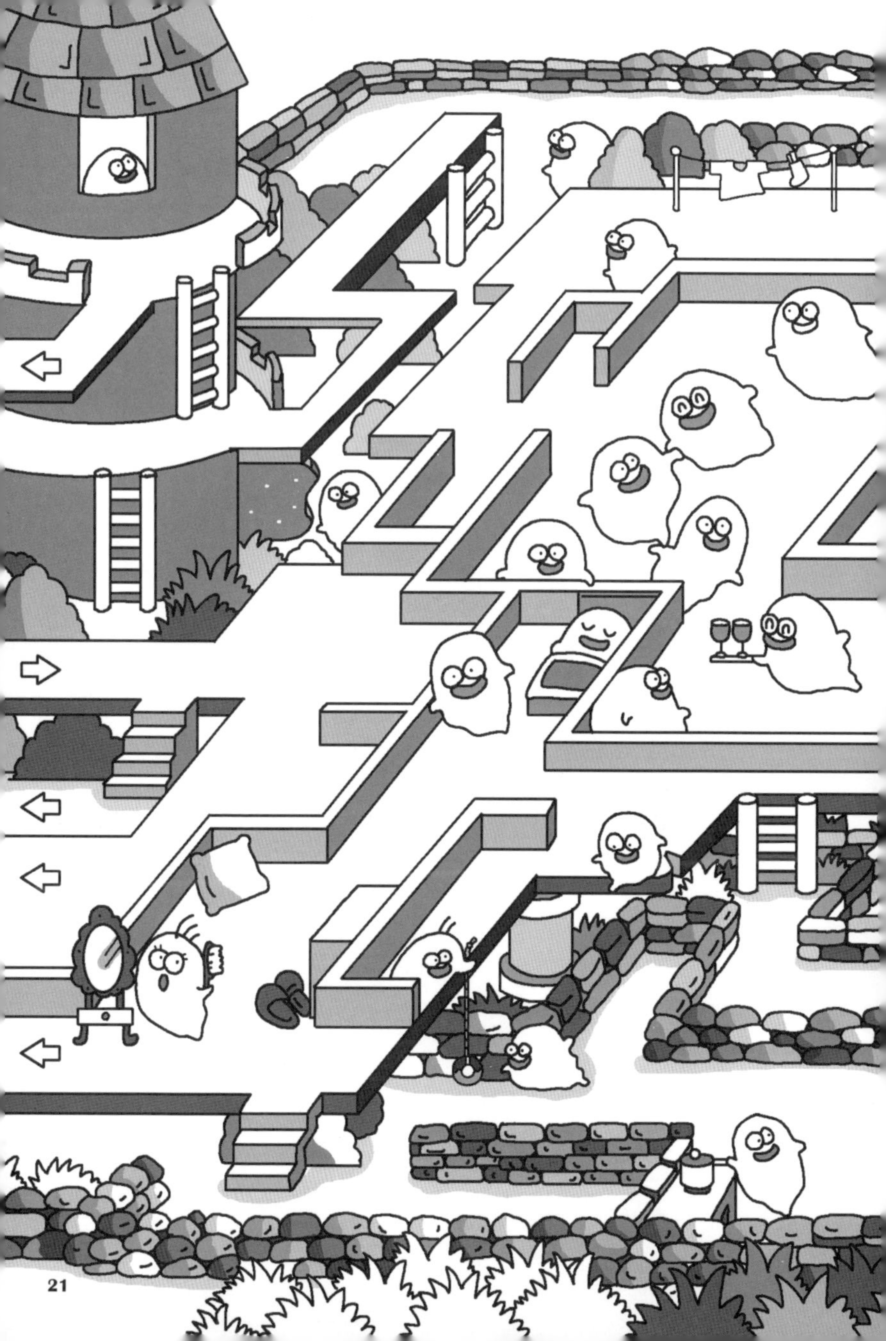

つぎのもんだいは
なんだろ？
ゴール

①
ぴょこたん、すごい！もう少《すこ》しでさいしょのとびらだよ
②
ぴょこたん、すごい！もう少《すこ》しでさいしょのとびらだよ
③
ぴょこたん、すごい！もう少《すこ》しでさいしょのとびらだよ
この絵《え》と同《おな》じひゅ～たろうは、①②③のうちどれかしら？
ぴょこたん、すごい！もう少《すこ》しでさいしょのとびらだよ
ええーっ？ぜんぶ同《おな》じに見《み》えるけどな…
うぷぷ。まちがいさがしよ

ぴょこたんスゴイ!
こんどは、
明《あか》るさにかんけいある
なぞなぞだよ
ワン
ワン
あら〜っ、
なぞなぞが
うかんでいるね。
よし、考《かんが》えてみよう
5
どこかでだれかが
スイッチを入《い》れると、
町《まち》の高《たか》いところで
ポツポツ明《あか》るく
なるもの、
なーに?
6
ひょろ長《なが》くて
われやすくて
明《あか》るそうな
島《しま》って、なーに?

7

「いと」は「いと」でも、とても明《あか》るい「いと」って、なーに？

8

海《うみ》のそばにたつ白《しろ》い体《からだ》。夜《よる》になると目玉《め だま》を光《ひか》らせるもの、なーに？

9

頭《あたま》に「ラン」の花《はな》をつけて外《そと》でおならをしながらかつやくするもの、なーに？

つづいて、明《あか》るい道《みち》めいろだよー！
ランプのついた、
明《あか》るいところだけ進《すす》めるんだ。
くらくなっているランプのところは
とおれないぞ
よし
スタート

ゴール

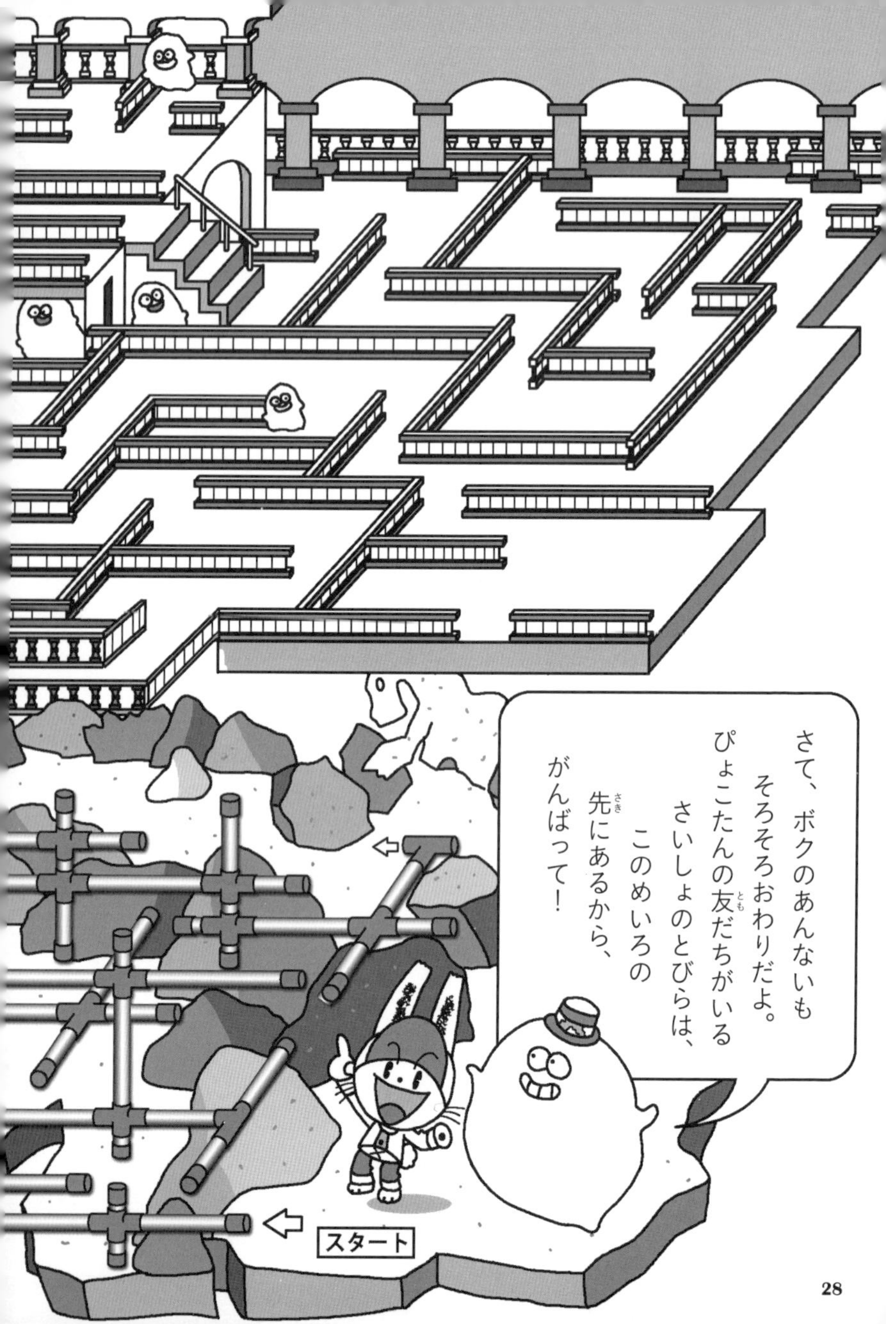
さて、ボクのあんないも
そろそろおわりだよ。
ぴょこたんの友《とも》だちがいる
さいしょのとびらは、
このめいろの
先《さき》にあるから、
がんばって！
スタート

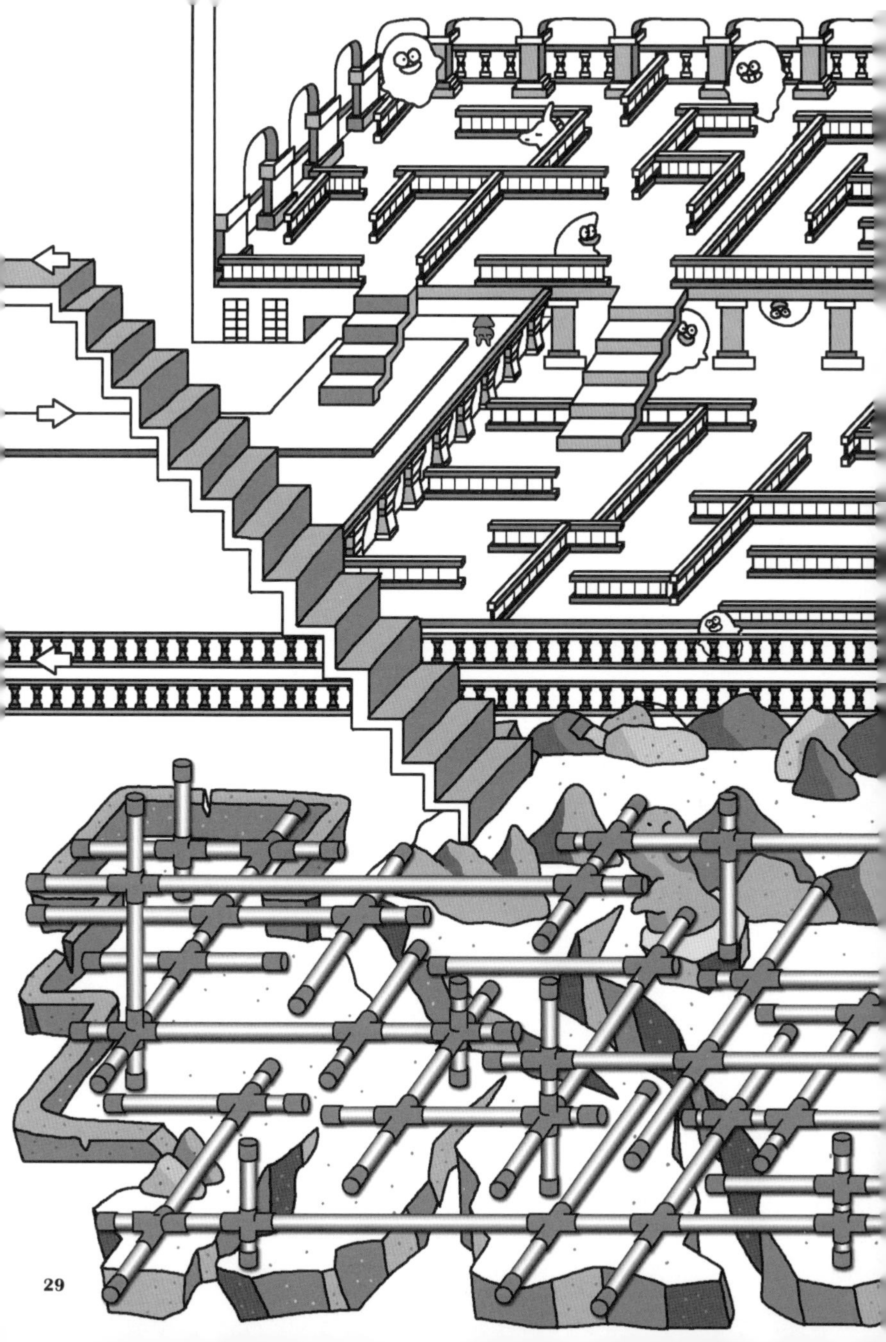

上《あ》がったり下《さ》がったり、
ページをまたいで
いったりきたりするよ。
そんじゃ、ボクは
バイバイです！

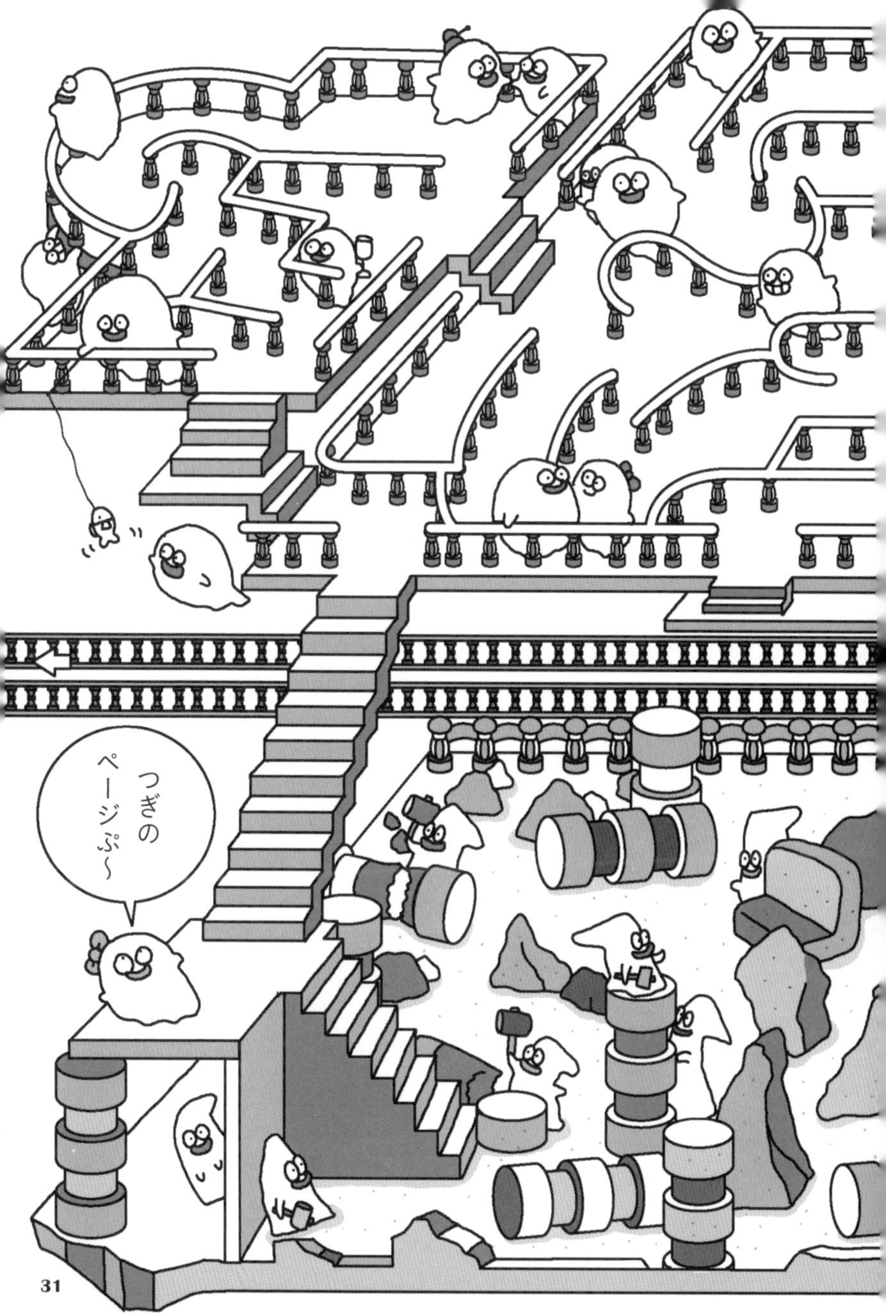
つぎのページぷ～

うわ！　大《おお》きなミイラ。おこさないようにいかなくっちゃ…
スタート

ふうっ、セーフ！
ゴール

ああ、キンチョーした
でもさ、こんなかんじならくしょうでいけるね！
トントン
ハァハァ！
ほいほい、だあれ？こんなところでぼくをよぶのは、もしかしてカメたん？
もう、会《あ》えちゃった!?
ギャー！

ワー
あーっっっ!
とびら見《み》っけ!
ひらけ
ひらけ!
あいて!
おねがい!
ガチャガチャ
あいた
バタン

ああ、あせったー。…ところで、
カーカー
!
ここ、どこ？ずいぶんのんびり。
!
さっそく見《み》つけた！
すやすやのぴ～ぷ～
おきろー！
カメたんっ
ふわっぴょこひゃん
ねえ、みんなはどこ？
なにのんきにねてんダヨ、
ええっと…ねてたから…

あ！
それよりも
ぼくの
すいとう、
持《も》ってきて
くれた？
ぴよこたんが
わかるように
おいてきたん
だよ！！
わるい！
わすれた。
ごめーん
気《き》づいたのに
ひどいやー！！
ジタバタ
あれ、
カメたん、
こうらになにか
はってあるよ
えっ？
なになに？
メッセージ
だい2《に》の
とびらは、
この先《さき》の道《みち》を
すすむと
あるかも〜。
ワ！
ちょっと！
いく前《まえ》に、
こうらのヤッ
とってよお！
まあまあ
いいじゃない。
ほかの友《とも》だちを
見《み》つけに
いくぞ〜

うっそうとしげった
森《もり》のめいろだけど、
この先《さき》に
みんながいるかも！
もり
スタート

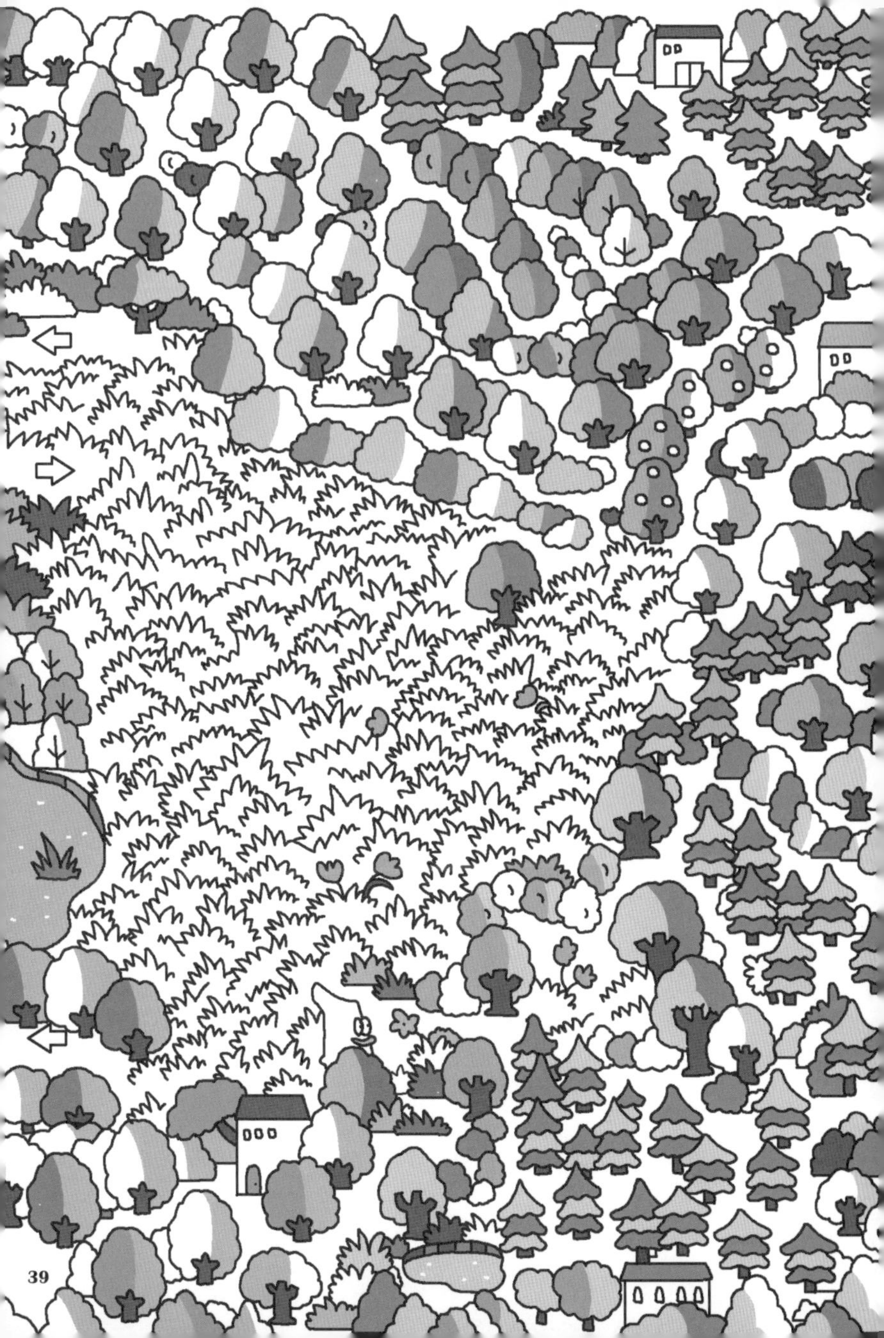

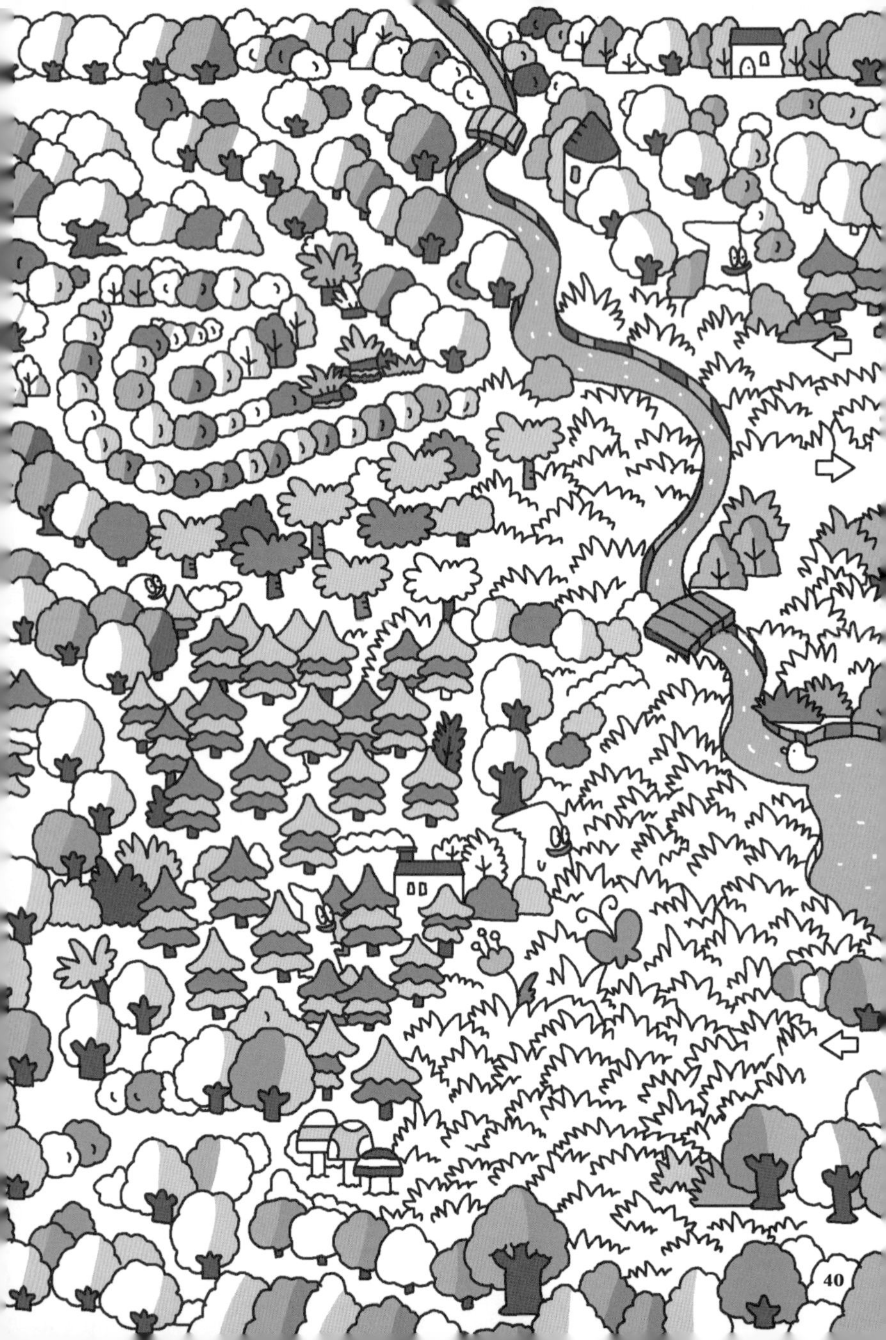

イエイ、ついた！
あれっ？なんだ
わ〜い！雪《ゆき》だ！雪《ゆき》だ！

雪《ゆき》だっ
雪《ゆき》だっ
ランラン…
ランラララ…
…!
ほほほ! よくきたな。いっぱいふらせてやったぞ~
なんだー、ふらせすぎだぞ!
そーだ! じゃますんな
…
ムカ ぽい ムカ ぽい ムカ ぽい
ヒュン ヒュン

ふんだ！そんじゃー、もっとふらせちゃうもんね！ゆきゆきスーパースペシャルめいろだっ
なーにがスペシャルさ。こんなのかんたん！
え、いくの？さむそぉ…
スタート

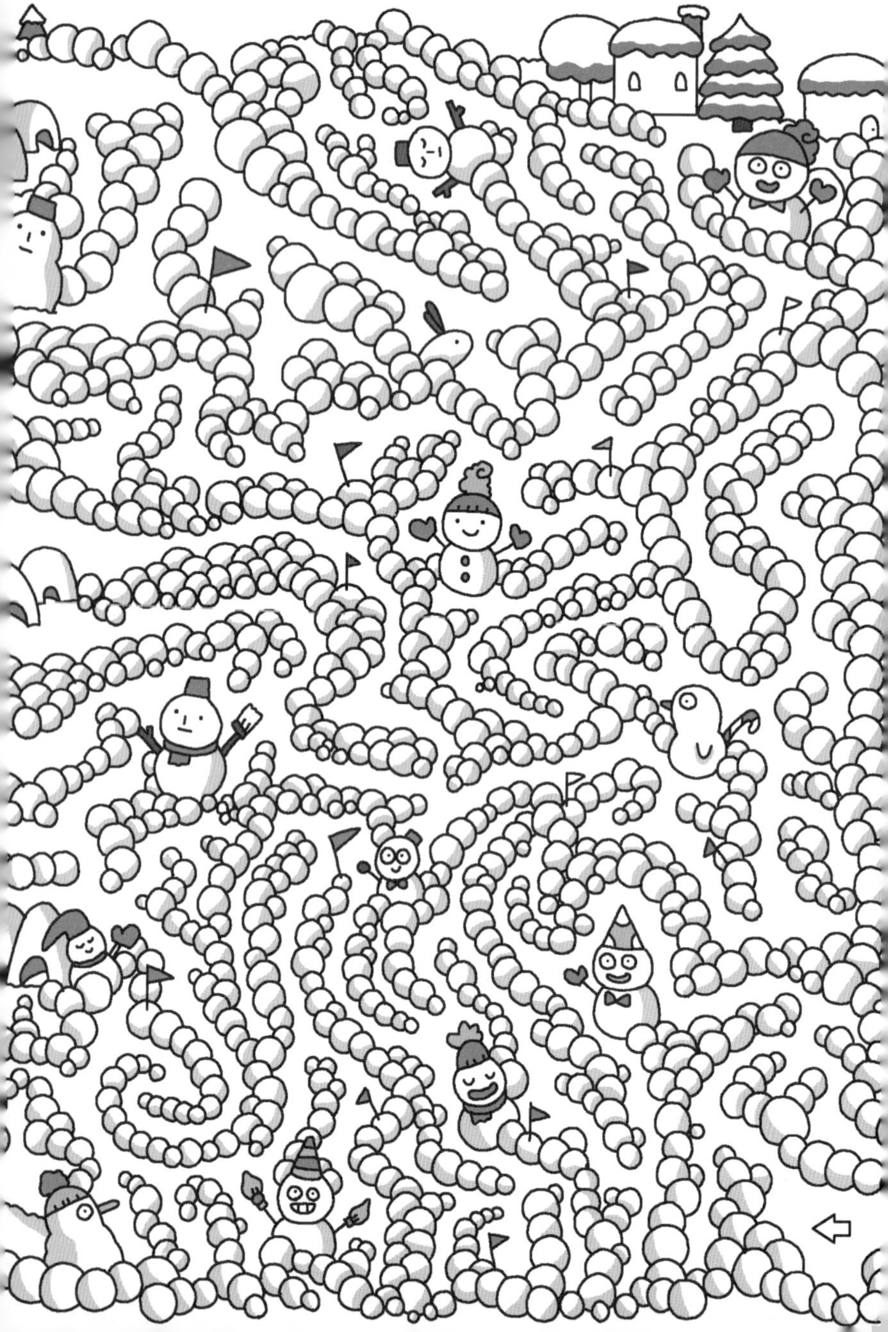

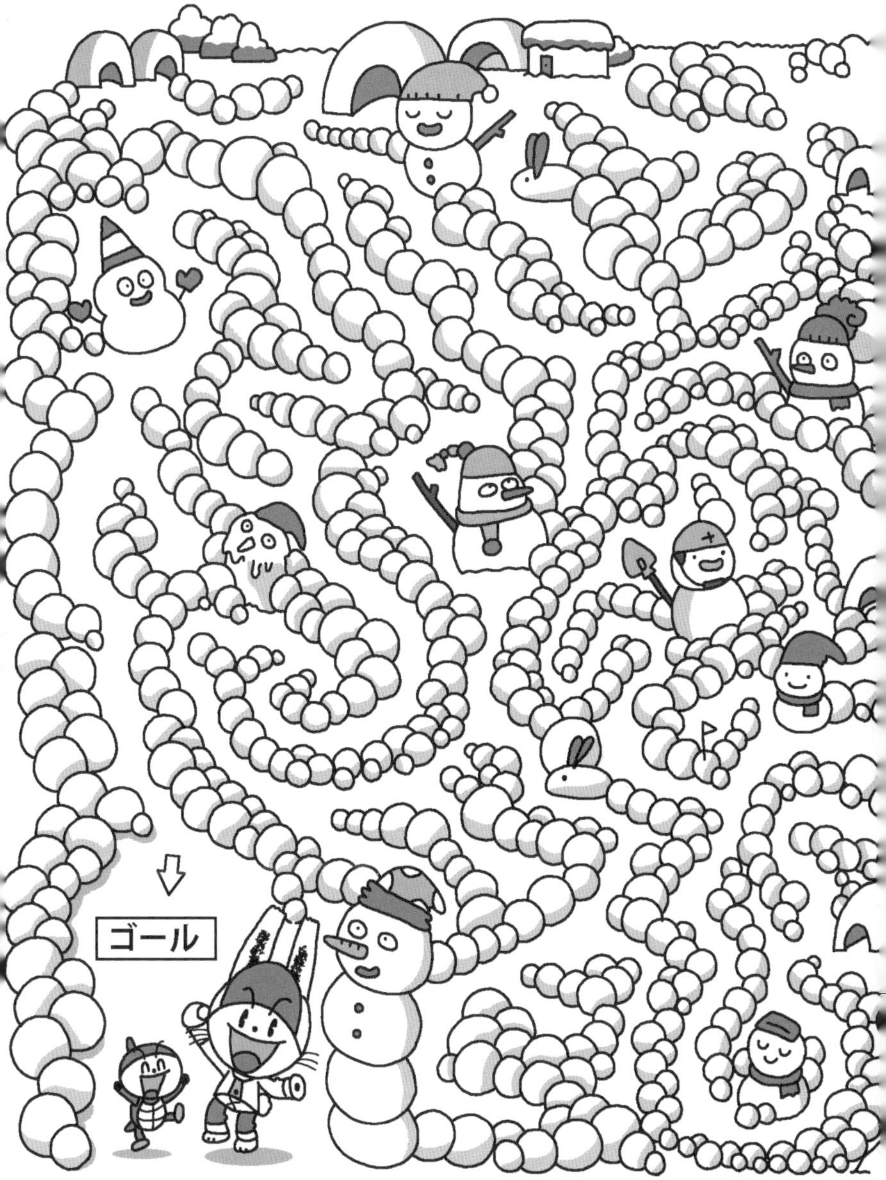

ゴールしても、安心《あんしん》すんなよ〜。
ちょうネクタイをした雪《ゆき》だるまも、３つさがせ！

からかさおんせん
ゆ
からかさ
おんせ

あっ！
からかさの
おばけくん
からかさ1ばん
ど〜も
ぴょこたん。
すんげ〜
雪《ゆき》でしょ。
おいらの
かさに
入《はい》りなよ
ピョン

❺
❹
❸
❷
❶
ここは、からかさ村《むら》。おいらのなかまをさがして〜
❶から❺の子《こ》を見《み》つけるんだね
からかさ1ばん

ふ〜っ あったまる〜
おんせんは いいねえ。 いやされるぅ
だーっ！ いやされてる ばあいじゃないって！ 早《はや》く いかなきゃ
ぴょこたん、この先《さき》は くらくなるから、ちょうちん おばけに 道《みち》をてらして もらうといいよ
ちょうちん おばけは、からかさめいろの むこうにいるよ。がんばって〜
ちゃんとかわかしてけよー！
ありがと！ それ、いそげ いそげ！

ほそーい、すきまを
とおるんだね。
いくぞっ
スタート

ちょうちんおばけはどこー?
ゴール
つれていくの?

ここが
ちょうちん村《むら》の
入口《いりぐち》さ
デカっ
スタート

ぼくは
ここまで〜。
あっちに、
ちょうちんおばけの
大《だい》くんがいるよ!
からかさくん、
サンキュー!
じゃあね!
いくねー
ゴール

きみが大《だい》くん？名前《なまえ》とはんたいに、小《ち》っちゃくてかわいいね
ガーン
なっ……
あ…あれ、わるいこといったかな？
うえっ うえっ うえっ
ぼく、ほんとは、大《おお》きいんだ！うえ～ん
ワーッ
ろうそくがたりないんだ。あと10本《ぼん》あれば、大《おお》きくなれるのにぃ。そしたら、きみたちにきょうりょくできるよ？
おやくにたてるよ…
あつめてよぉ！ろうそくぅ！
わかった、わかったよ

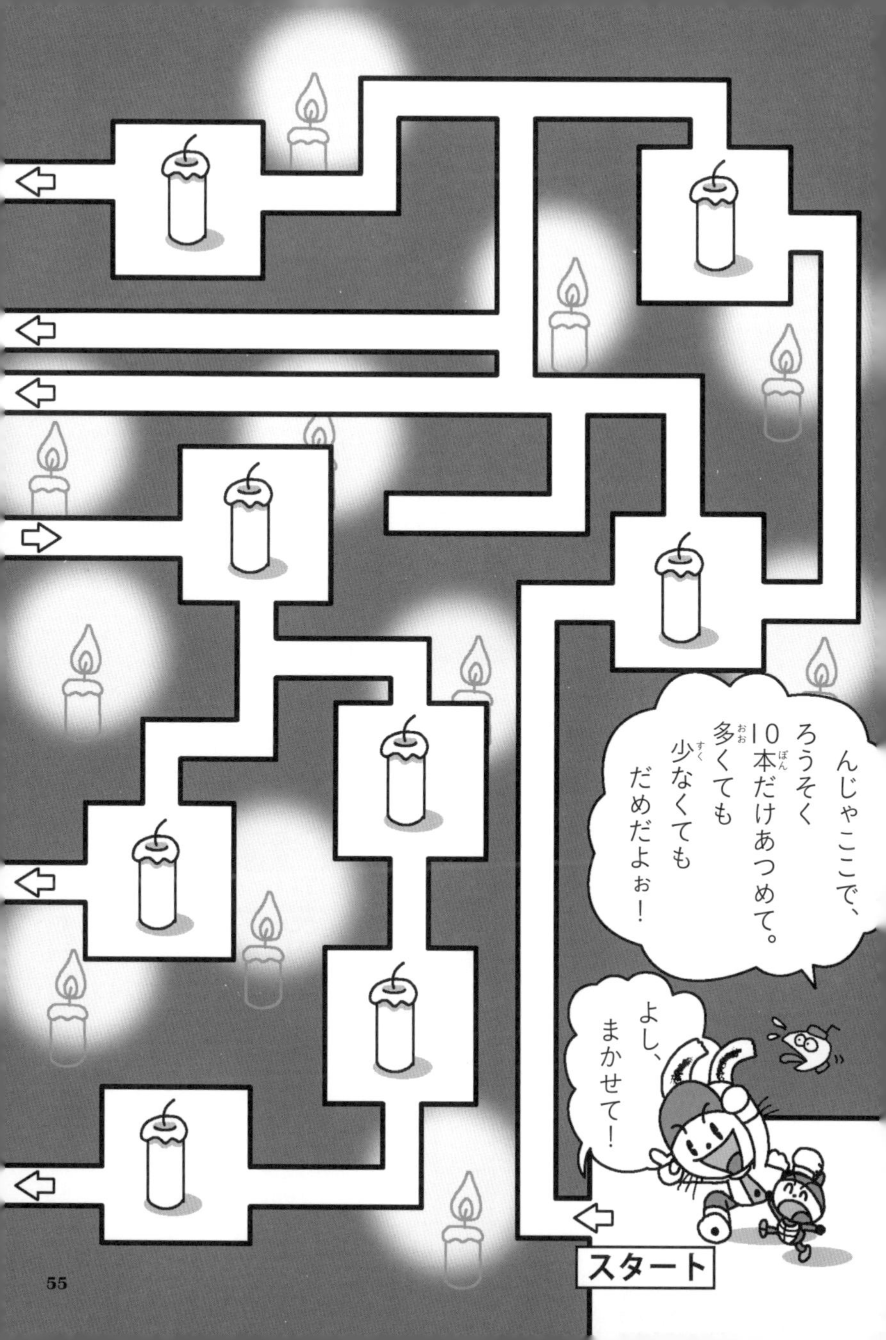
んじゃここで、
ろうそく
10本《ぼん》だけあつめて。
多《おお》くても
少《すく》なくても
だめだよぉ！
よし、
まかせて！
スタート

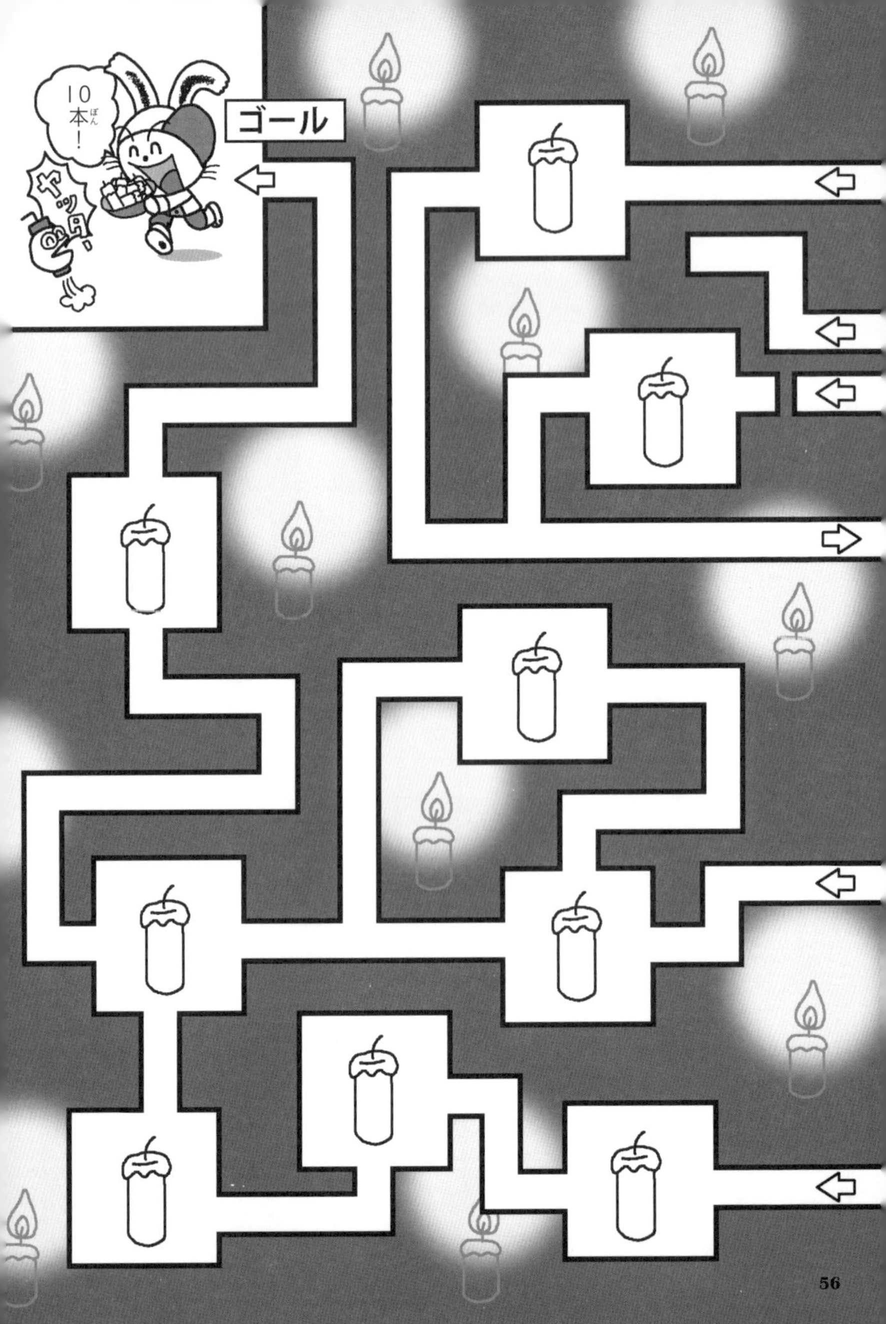
ゴール
10本《ぼん》!
ヤッタ!

火《ひ》がついた
ワオ
ほんじゃま ほっほっ… ほんじゃま ほっほっ
ポッ… ポッ… ポッ… ポッ… ポッ… ポッ… ポッ… ポッ… ポッ… ポッ…
うお! ほんとに大《おお》きくなってきた
ムクムクッ
まんぷく〜
大《おお》きすぎ!
もう、じゆうじざいすきな大《おお》きさになれるんだ。ありがとう!
大《だい》くんが元気《げんき》になってよかった
じゃあこんくらい

ぼく、そろそろおなかがすいてきたな
カメたん だめだよ～、まだ3人《にん》に会《あ》えてないじゃん。がんばってさがしにいこう
これより先《さき》まっくら注意《ちゅうい》
?
くれるの? やった!
わっっっ ほんとに きゅうに まっくら!
わ! おとした!
ほんじゃま ほっほっ ほんじゃま ほっほっ
ポポポポ…
ほんじゃま ほっほっ ほんじゃま ほっほっ
大《だい》くんのじゅもん、すごい!
まあね。ろうそく、まんぷくだからね
明《あか》るくなって、見《み》えてきたぞ!
この先《さき》沼《ぬま》

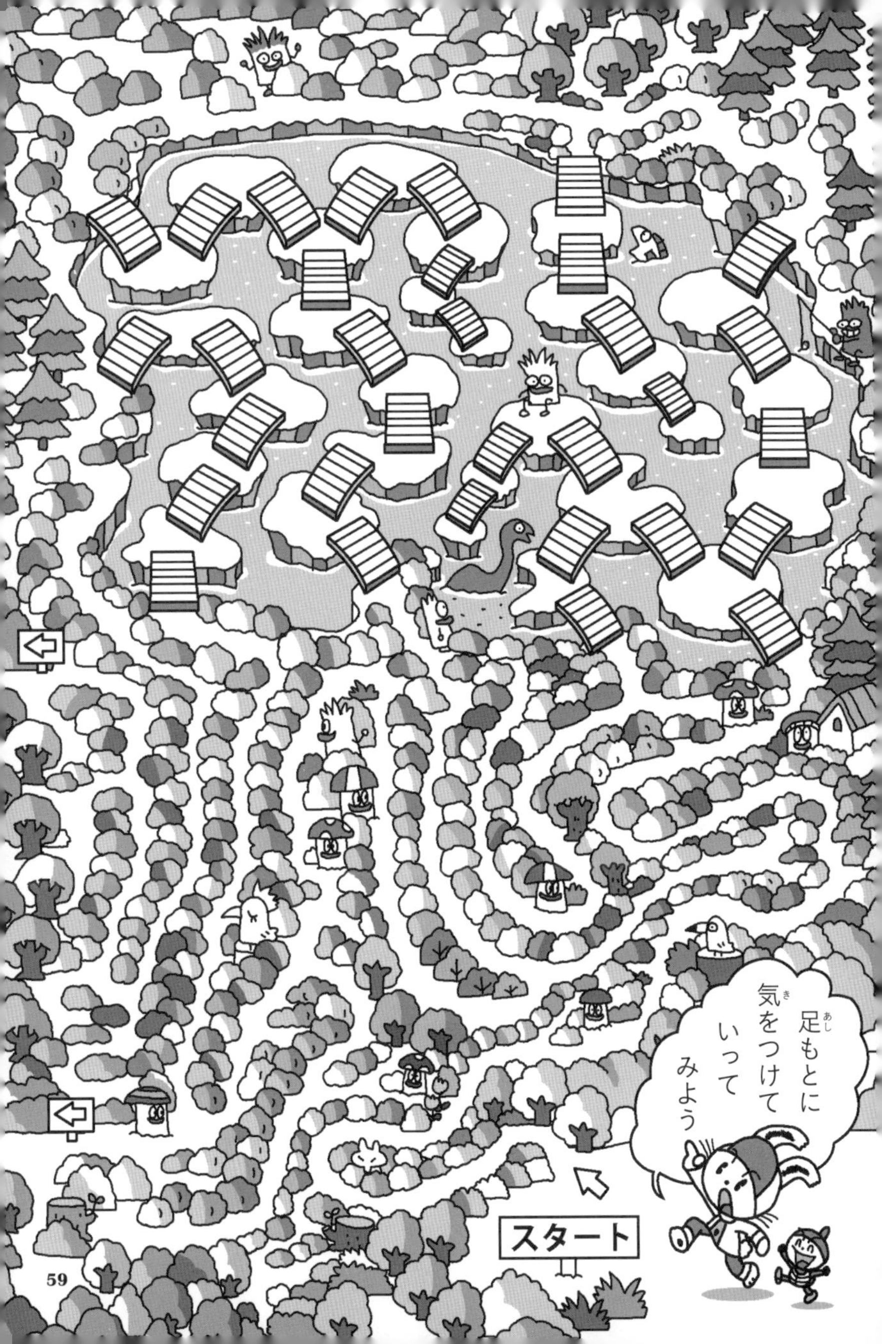
足《あし》もとに気《き》をつけていってみよう
スタート

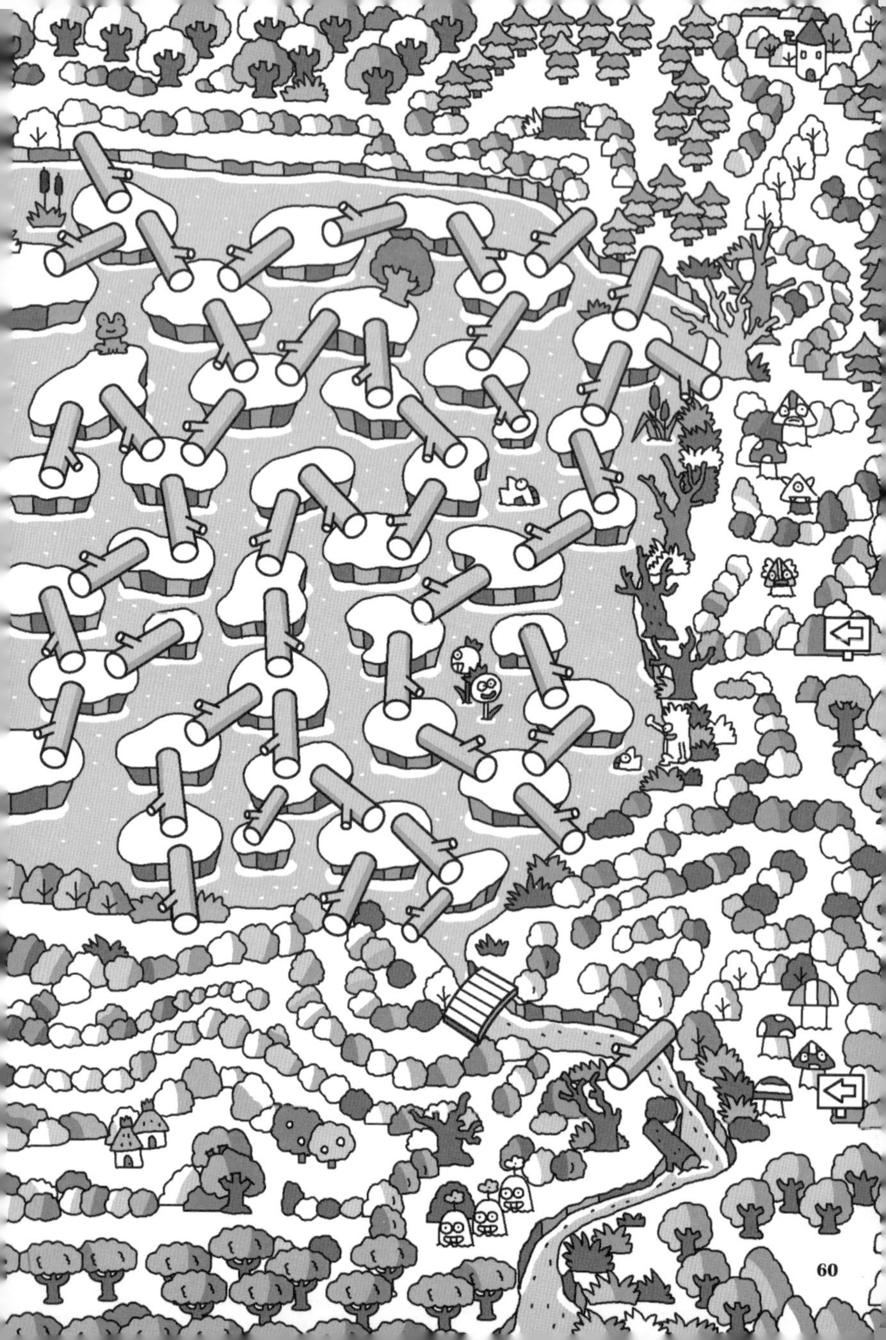

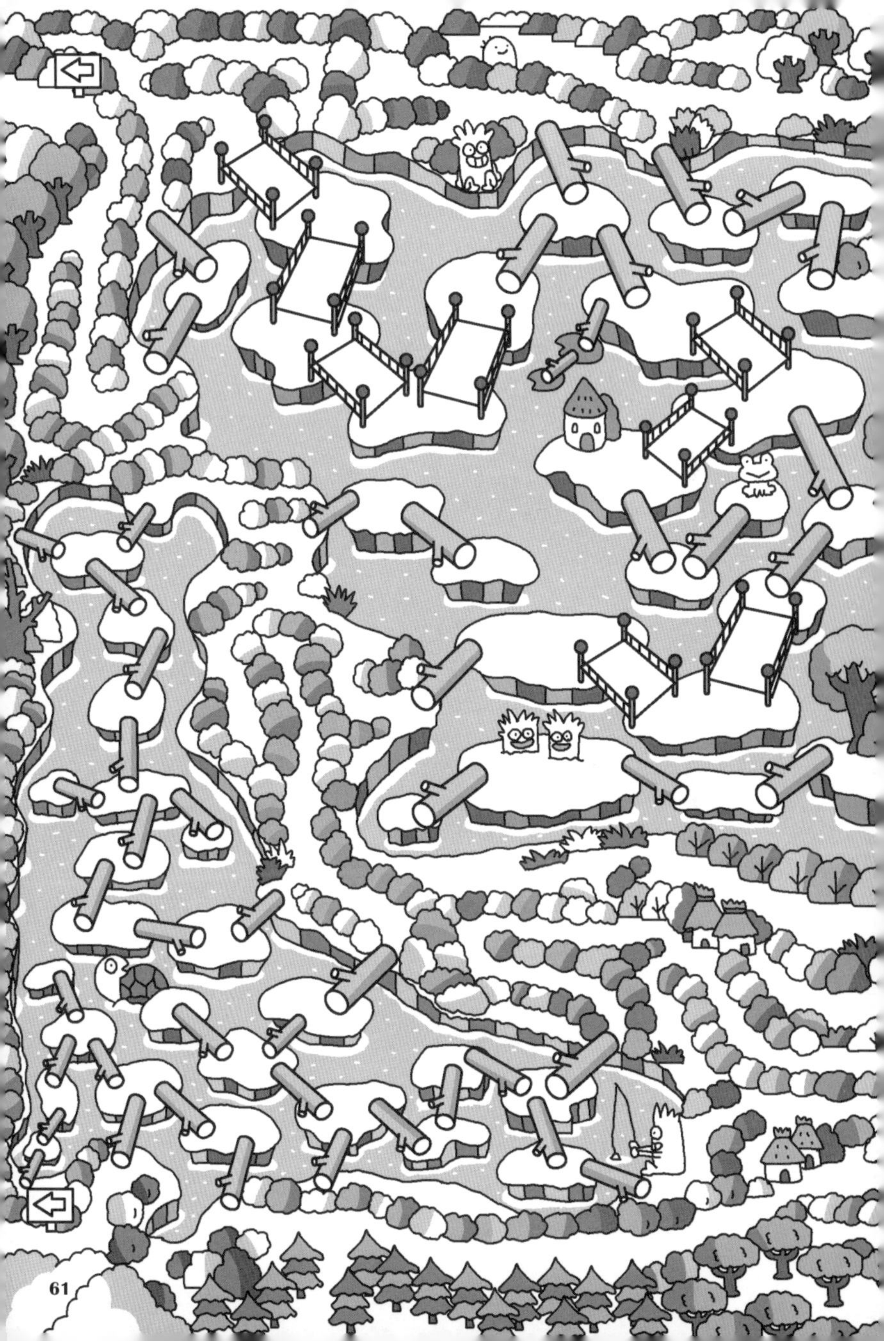

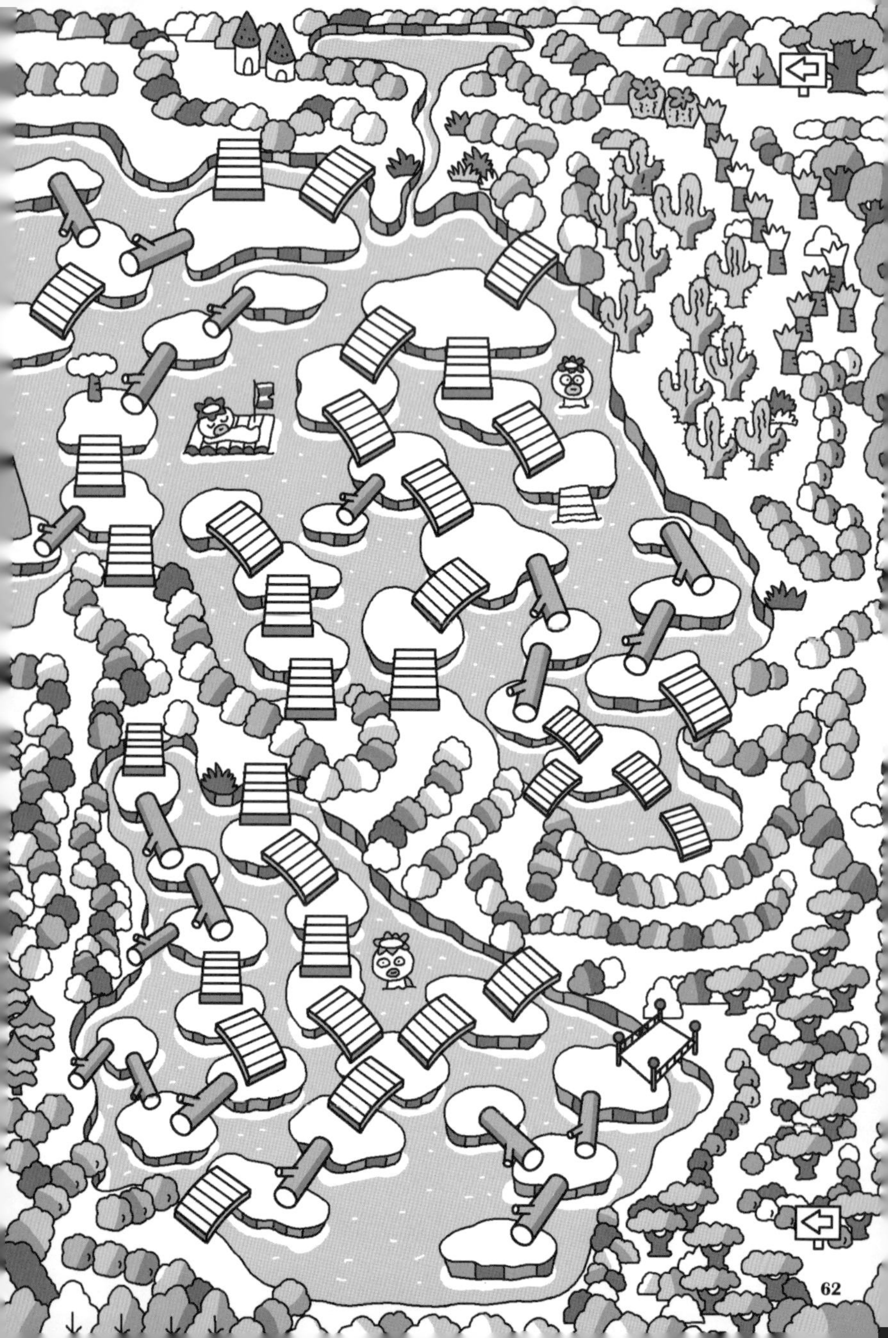

ゴール
あ！カッパ！
ういっす。ひさしぶりだな〜〜！
前《まえ》に会《あ》ったときと、かわらないね
そうでもないな〜。頭《あたま》の皿《さら》がバージョンアップしたな〜
キュッキュッ
ぴょこたん、友《とも》だちとはぐれたんだって？このへんのことは、ワシにまかせときな〜！

ねえ、もっと先《さき》なの？
まだあ？ずいぶん歩《ある》くね
まだもっとだな〜
ドーン
…って、いきなりついたんだな〜
このやしきのおばけがいうには、きゅうにヘンなとびらがあらわれたそうなんだな〜
ウフフフ‥
やった！そのむこうに、きっとだれかいるね

ミミレちゃん かな? ゴリすけ かな?
いそげ
だけどな～。ワシ、いくの やめたほうが いいと思《おも》うな～、ぴょこたん…
なーんだ。そんなの へいきだい!
おばけたち イタズラだし…
ボクたちは いくのだ!
友《とも》だちに 会《あ》うのだ!
…なーんて。だいじょうぶ だいじょうぶ
むりすんなよ～。じゃ、入口《いりぐち》はこっち

楽《たの》しそうじゃん！
ロープもつかって
いいんだね
スタート

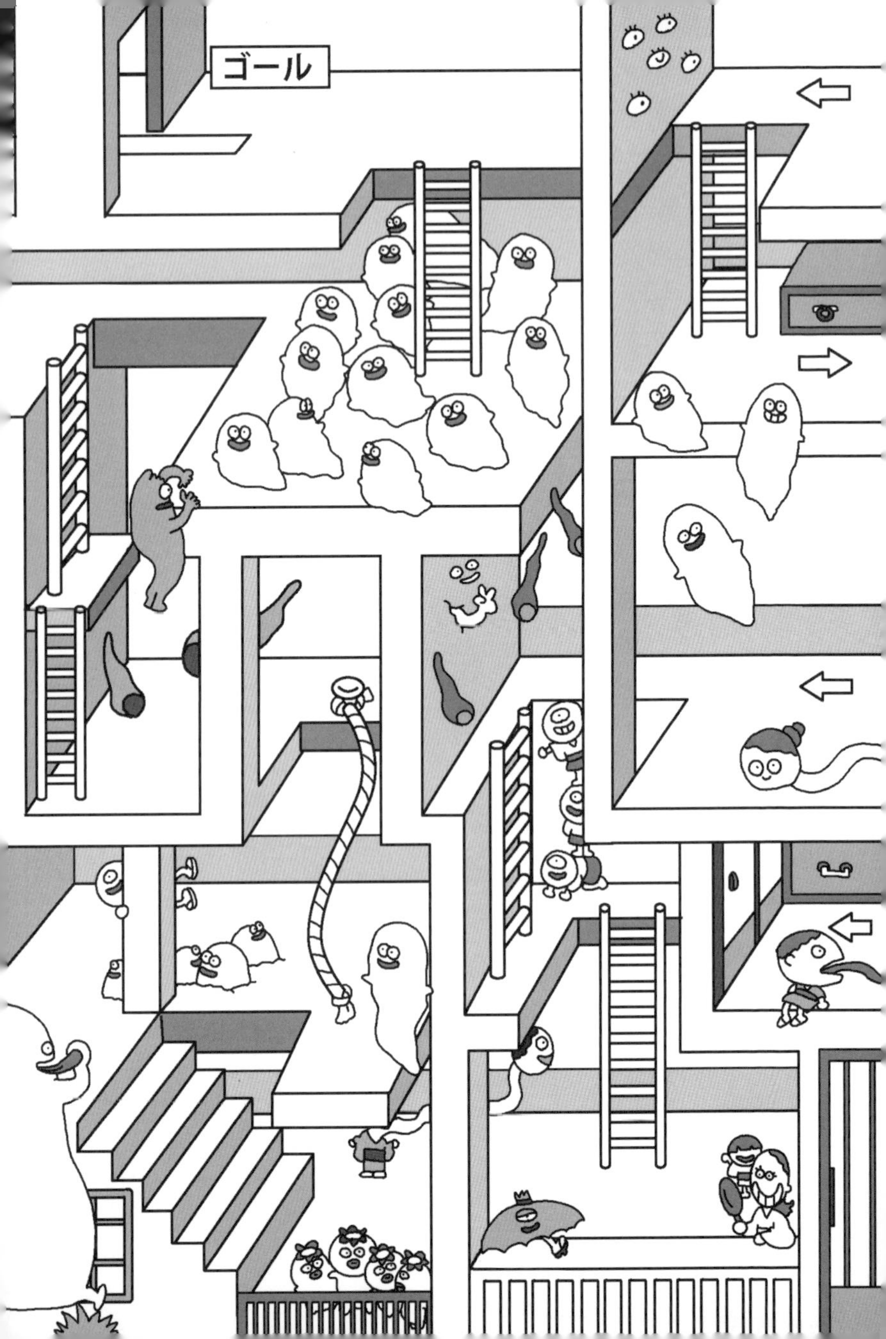
ゴール

けっこう やさしい おばけたち だったねえ！
おっ！ すぐに 2番目《ばんめ》の とびらも はっけん！
2
大《だい》くんもカッパも ありがとね！
キュッキュッ
バージョン アップすると、 手《て》入《い》れも たいへんなんだね…
ういっす！ がんばれな～
またね～
パタン
この とびらは、 かんたんに ひらいたよ
2

ミミレちゃん
見《み》ーっけ！
まってたわ！
カメたんも
いたのね
むこうで
こわい声《こえ》がして、
でられなかったの
こら〜っ！
こわい声《こえ》なんかで
おどかすのは
だれだ？
ひきょうだぞ！
…そんなにいって
だいじょうぶ？
おい、
でてこい
にょろりんと
でてきたわよ。
アタシをよんだ？
…よんでないデス
よんだぁ？
ヘンなの
きちゃった。
にげよ…

わ！ たすけて！
よんだでしょ、ねえ
ヒュ〜
よばれたからには…
あ〜そび〜ましょ♡
もっとめいろで
あそびましょ
ヒュ〜
ヒュ〜
すすめ

みんな首《くび》、長《なが》っ！
よしいくぞ～
スタート

どうだ！
よゆうで
クリアしたよ
ゴール

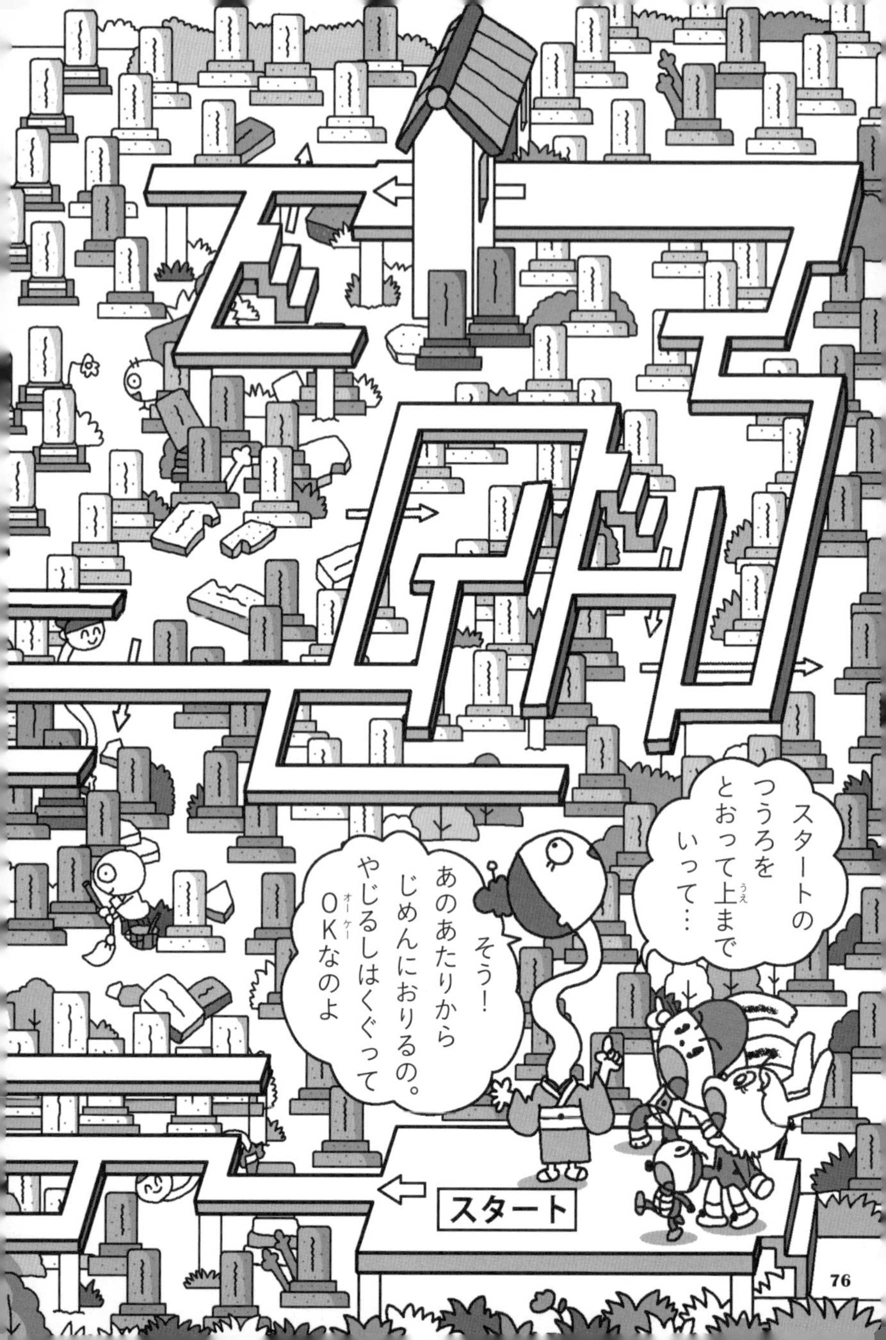
スタートのつうろをとおって上《うえ》までいって…
そう！あのあたりからじめんにおりるの。やじるしはくぐってOK《オーケー》なのよ
スタート

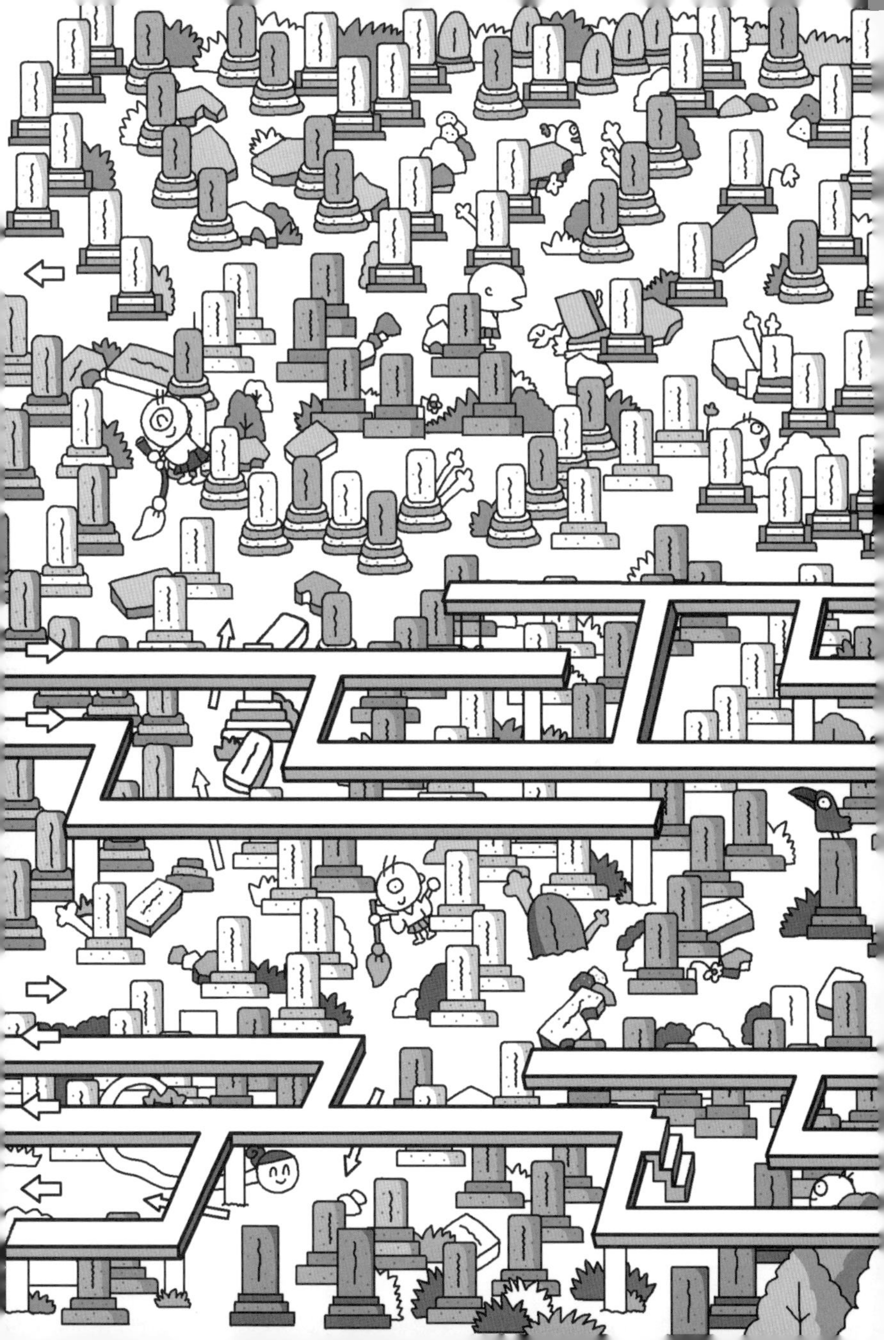

うはー、長《なが》いめいろだった！
ゴール

長《なが》かった…!
3番目《ばんめ》のとびら、さがすぞ～
ガサガサ
ドン!とでてきた、小《こ》オニのこたろ～なの。先《さき》に進《すす》むには、おいらのもんだいクリアーするの
ドッ
❸
❷
❶
この3人《にん》の小《こ》オニをさがすの!

いいわすれたけど、
めいろもクリアー
しないとダメなの
スタート

できたね！
じゃあ、
もうすぐなの
ゴール

やった
すごいなの！
こっちにお寺《てら》があるの
やった
やった
なのなの
どしん！
まちがいさがしのとびら
イタタ…またわすれてたの
もしかしてわすれんぼさん？
とびらはとびらでも、まずはまちがいさがしのとびらなの
いいよ！

さあ、まちがいさがしだよ！

上《うえ》の絵《え》と下《した》の絵《え》では、ちがうところが **6こ** あるよ。さがしてね。

ゴッゴッゴゴゴ……
やったー！お寺《てら》の入口《いりぐち》がひらいたよ。いこう！
またわすれてたなの。まだ、長《なが》いめいろがあるの！
えへへ、そんなことじゃないかと思《おも》ってたよ！
スタート

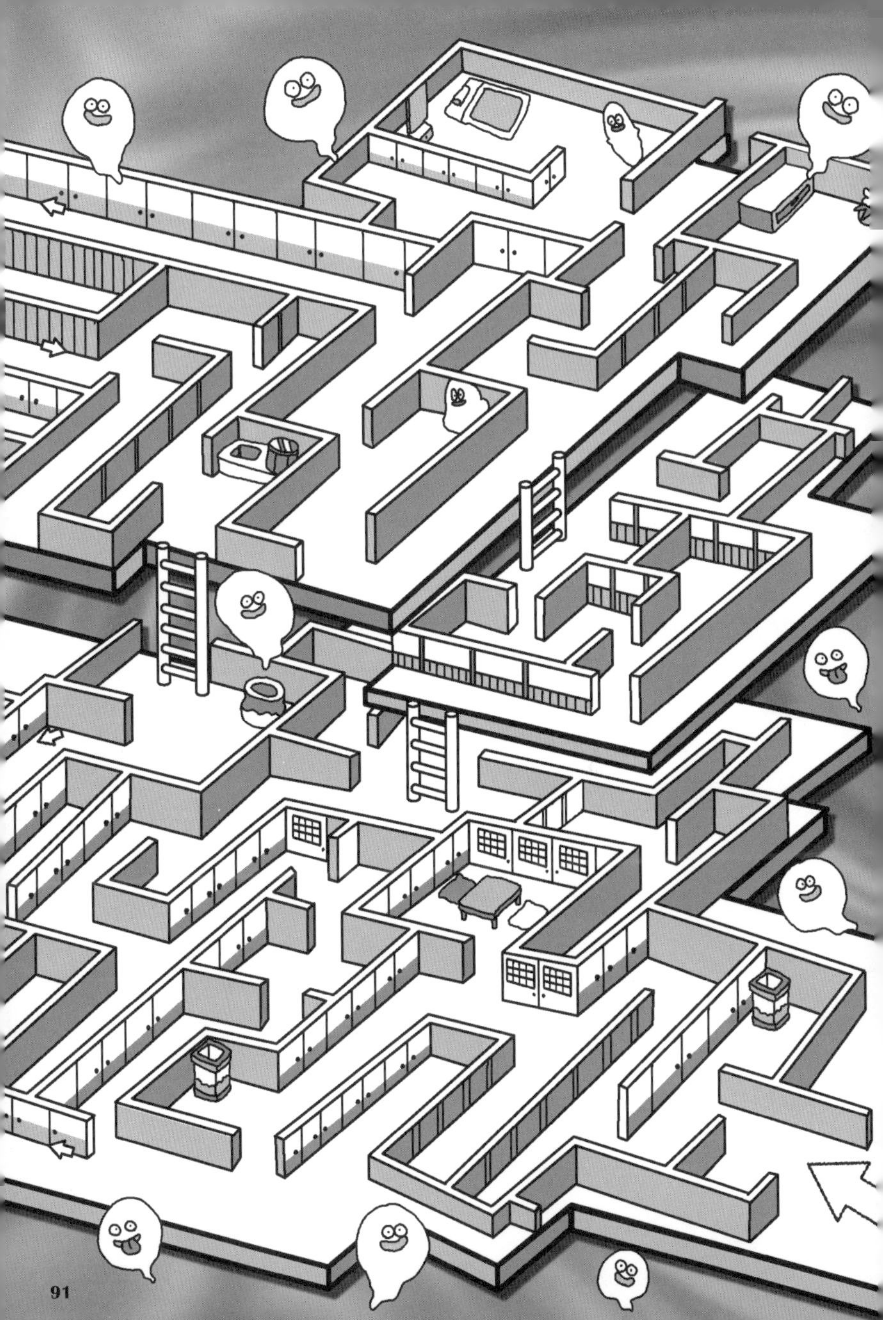

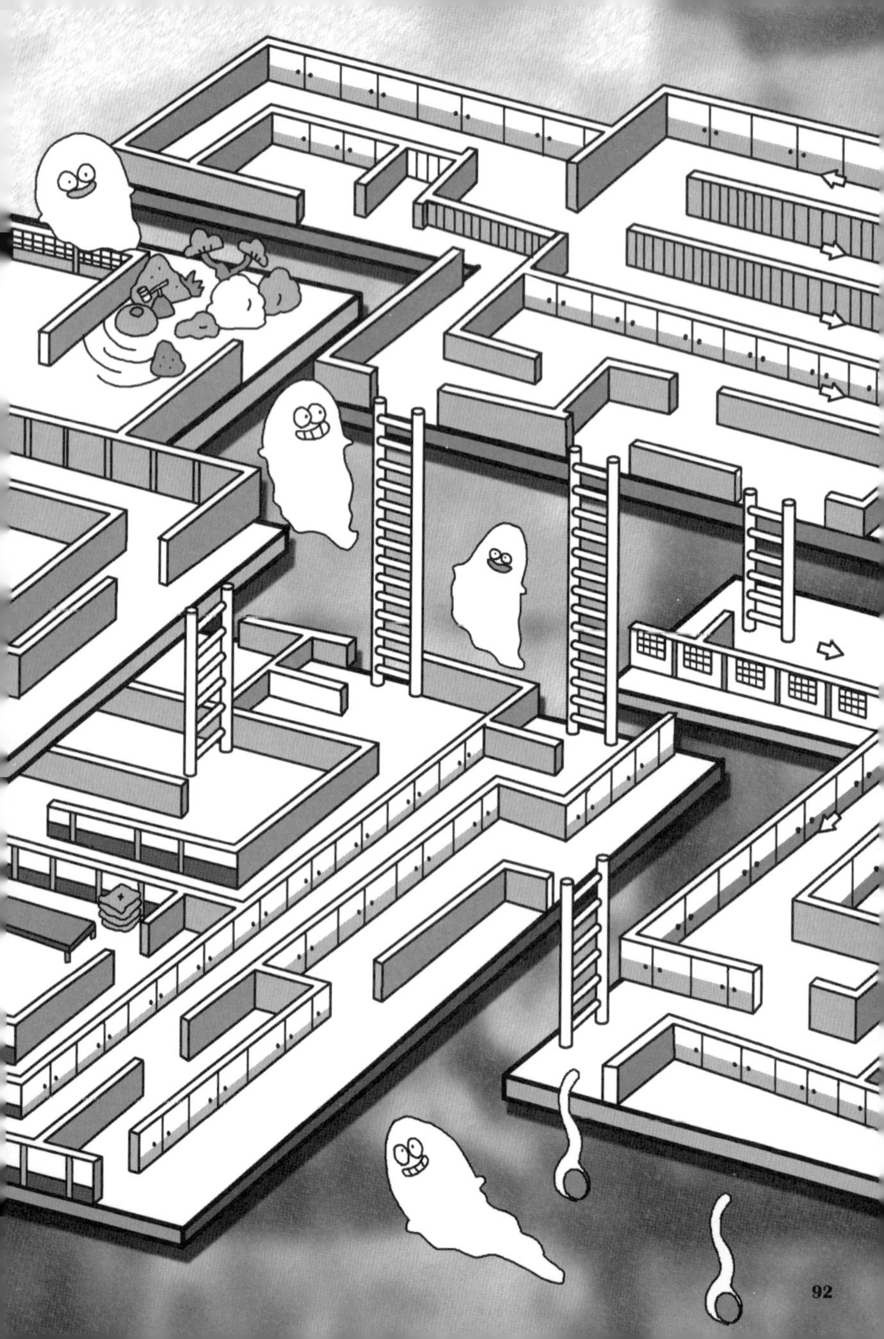

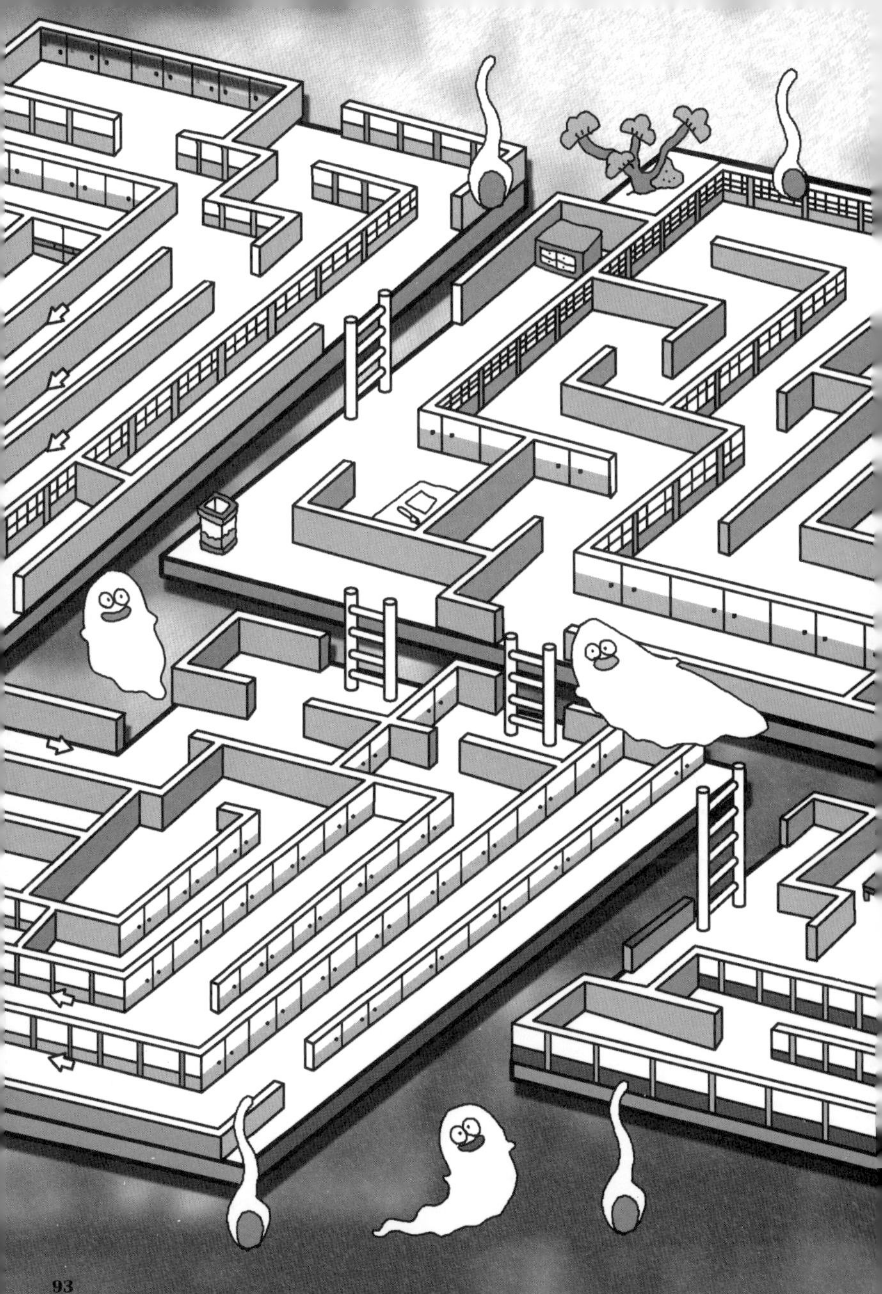

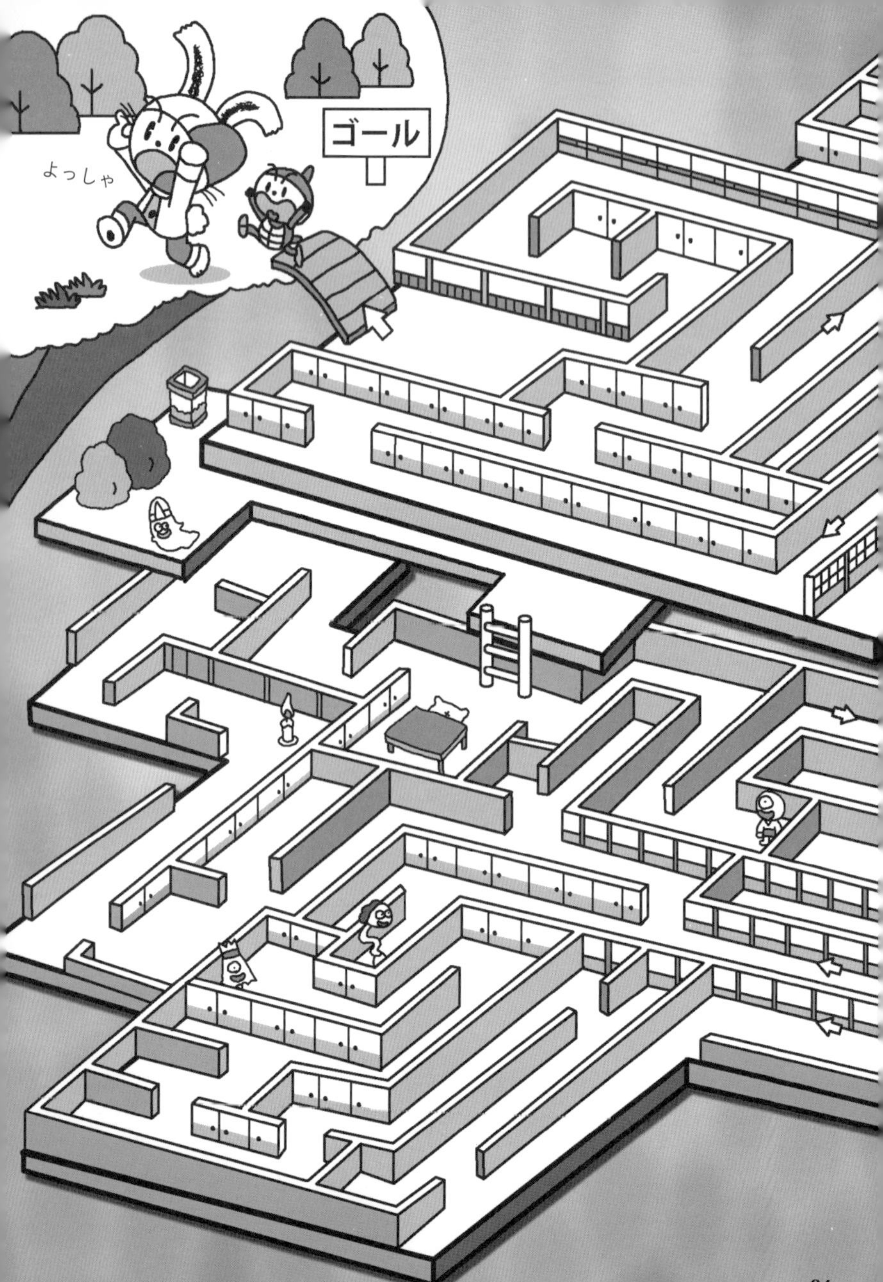

ゴール
よっしゃ

もう わすれて ない？
うん！ わすれてない
やーん
…ついて くるよ
イエイ
あ、それ、やばいヤツ
きゃあ！ いいわすれ ないでよ！
とびらだ！
カー カー
バタン
ビュン

イヤッホー!
ヤッホー!
きてくれて ありがとな! みんなは?
さあね。どっかで ねてるん じゃない?
んんん? ありり? スピードが…
くる くる
すんげ~ はやくなった!
目《め》が! 目《め》が!
くる くる くる くる くる
かってに のるから デス!
カメ たん!
ごめんな しゃい…
目《め》が~回《まわ》る~

ゴリすけはなにしてたの?
ひとりじゃつまんなくて、みんなのことまってたんだぜ!
そうだぜ!
ふ・ざ・け・る・な!
まて!
モンスターパークへようこそ～。みなさん、あそんでいってて～イヒヒヒヒ♡
なに?
わっ!
そんなワケではじめますっ
ズボッ
ズボッ

え～、まずはがいこつポキポキめいろで～す
スタート

ゴール

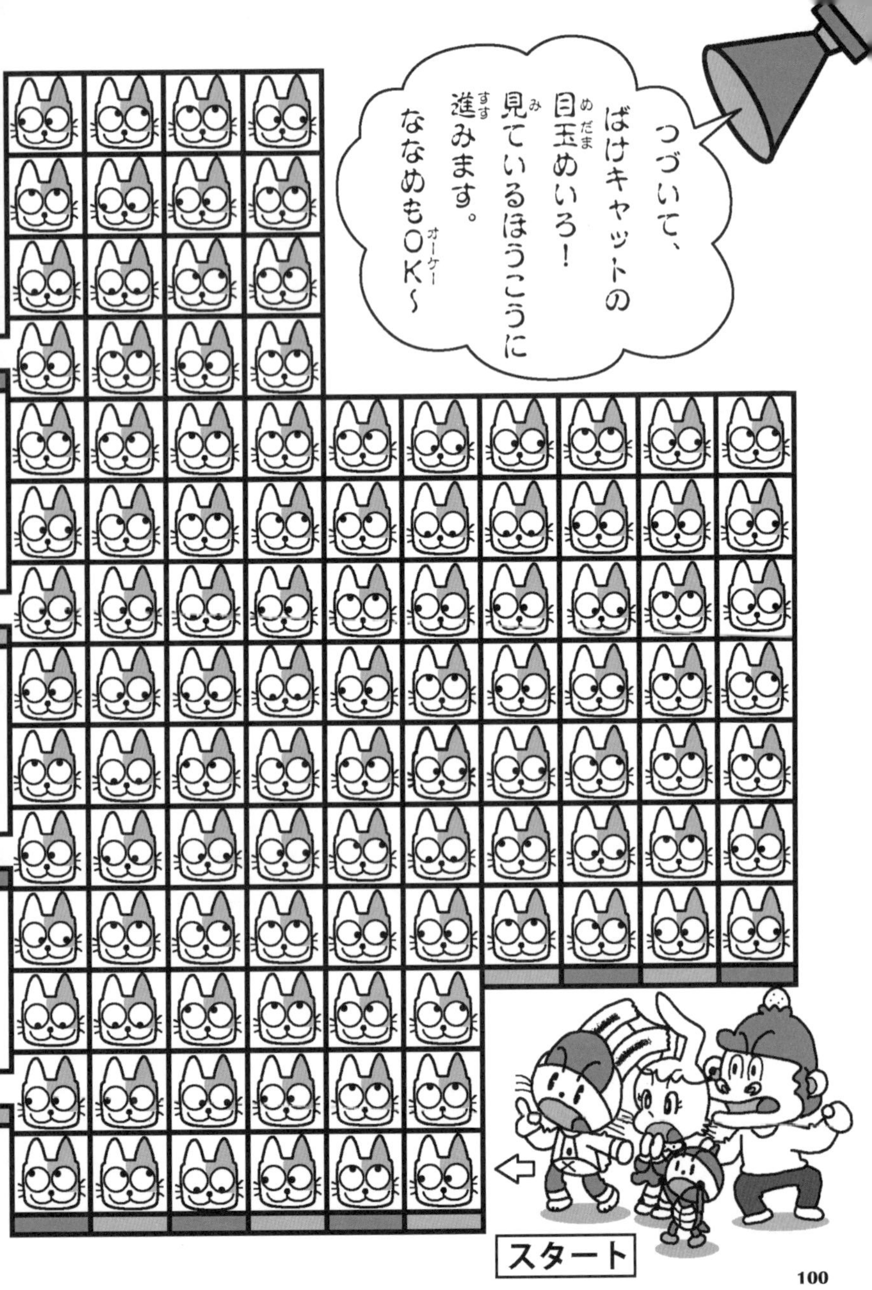
つづいて、
ばけキャットの
目玉《めだま》めいろ！
見《み》ているほうこうに
進《すす》みます。
ななめもOK《オーケー》～
スタート

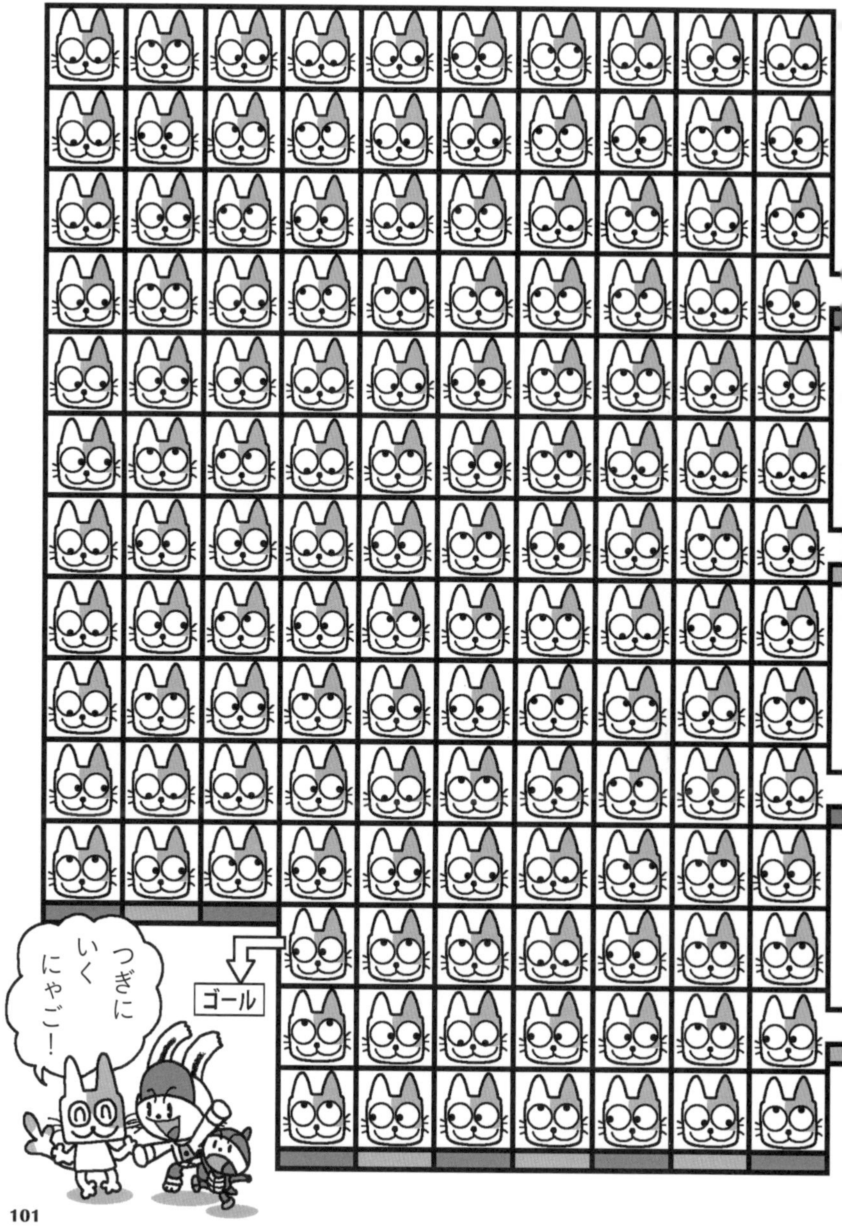
ゴール
つぎに いく にゃご！

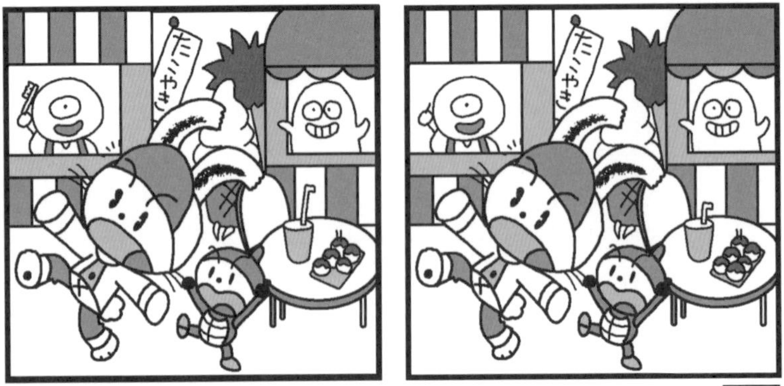

たこやき
たこやき

右《みぎ》の絵《え》と左《ひだり》の絵《え》では、ちがうところが 3 こあるよ。まちがいをさがしてね。 **1**

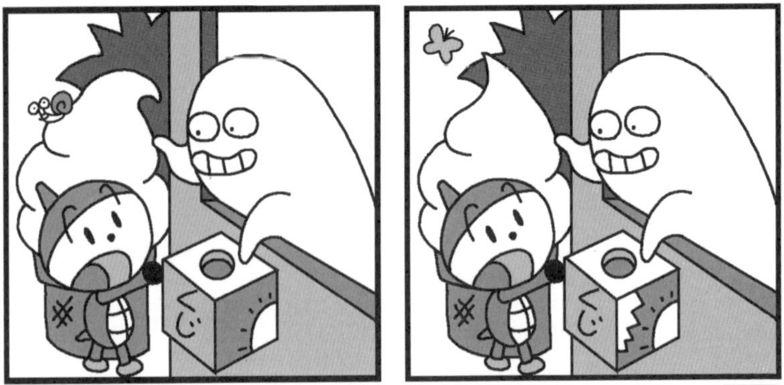

くじ
くじ

右《みぎ》の絵《え》と左《ひだり》の絵《え》では、ちがうところが 4 こあるよ。まちがいをさがしてね。 **2**

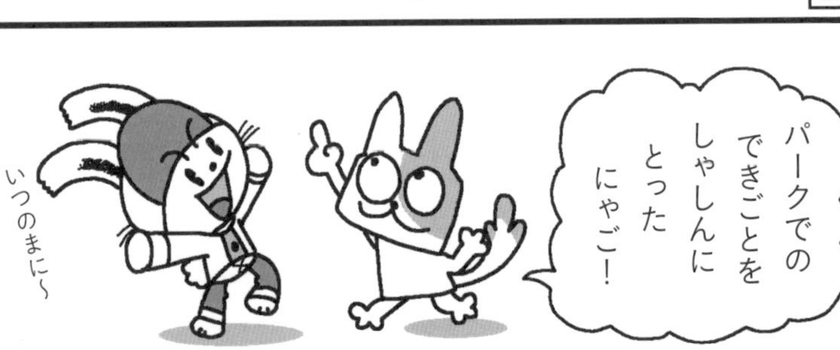

パークでのできごとをしゃしんにとったにゃご！
いつのまに〜

右《みぎ》の絵《え》と左《ひだり》の絵《え》では、ちがうところが **3** こあるよ。まちがいをさがしてね。 **3**

右《みぎ》の絵《え》と左《ひだり》の絵《え》では、ちがうところが **4** こあるよ。まちがいをさがしてね。 **4**

右《みぎ》の絵《え》と左《ひだり》の絵《え》では、ちがうところが **3** こあるよ。まちがいをさがしてね。 **5**

おつぎは ゴースト列車《れっしゃ》で モンスターパークを 一《いっ》しゅうします
すごいの きた！
ずいぶん ぼろぼろだけど だいじょうぶかな？
バイにゃご！
ガタン
ゴトン
自分《じぶん》で うんてん するんだね
スタート

おもしろかった！
つぎは〜？
ゴール

かんたんだね
なんでもこーい、だ!
あれ?
この音《おと》?
んが
やっぱりフランケン!
んが
んが
「ひさしぶり」って、いってる
んが〜〜

スタート
フランケンが「めいろを3つやって〜」って、いってるの？
スタート
ゴールしたらつぎをやるんだな！
ぴゅ〜〜
ガッ
スタート
さいごはコレね！

えーっ！
ハンマーおとしたの？
シルエットがヒント？
ゴール
ゴール
3つのめいろから
さがせってぇ？
フンガー！
(ごめんー！)
ゴール

ハンマー見《み》つかってよかったな！
ね！
ところでカメたん、なんでフランケンのことばがわかるの？
！
ホント！ホント！
よっ！天才《てんさい》っ！
よせやーい
ヌ！！
カーカー
オレたち、のんきにしてていいんだっけ？
あ！4番目《ばんめ》のとびら…！
ウンウン
…には、だれがいるんだっけ？？？

もんきちだ！
やべ
そうよ…
わすれてたなぁ
おほん。これはキャラのうすさのせいですな
キミはだいじょうぶ？
どこにあるんだろ、4番目《ばんめ》のとびら
なにいってんダヨ！
！
フへのへへへのホホホのホホ！

だれだあ？
ハ行《ぎょう》のヘンな
わらいかたするヤツは
あ！
またカッパ！
おう、
きたんだな～。
またせたな～
まってないし、
ゲストなんだから
一回《かい》でたら、
おわりだぞ
そーだ
そーだ
ずうずうしいわよう
ずうずうしくは
ないんだな～。
だってレギュラーを
ねらってるん
だもんな～
カメたんの
かわりだって、
やれるんだな～

みんなもこれからはワシの名前《なまえ》、ボウィとよんでほしいんだな～
カメたん、ワシがレギュラーになるかわりに、このモンスターパークのかんり人《にん》にならないかな～。けっこう楽《たの》しいんだな～
なんだじゃあ、ボウィがかんり人《にん》をしてりゃいいだろ！
シッカリしろ！！カメたん
そんなこといっていいのかな～？ワシ、ここにくわしいから、とびらのばしょも知《し》ってるかもしれないな～
お！あんないして
さすがボウィ！サンキュね
ちょっと！ちょっとぉ！
コッチだ！

カメたん まずいな
4番目《ばんめ》のとびらは、この先《さき》？
まあな～。もんだいはアイツらだな～
やだよぉ こまるぅ。あ～ん
ドッキッ
ゴリすけのポジションをねらうのはどう？
アイツら？だれ？
いけばわかるんだな～
キュッキュッ
ズーン…
いきどまりだってよ！
この先《さき》いきどまりオレッちがきめた。
むしむし
スタスタ…

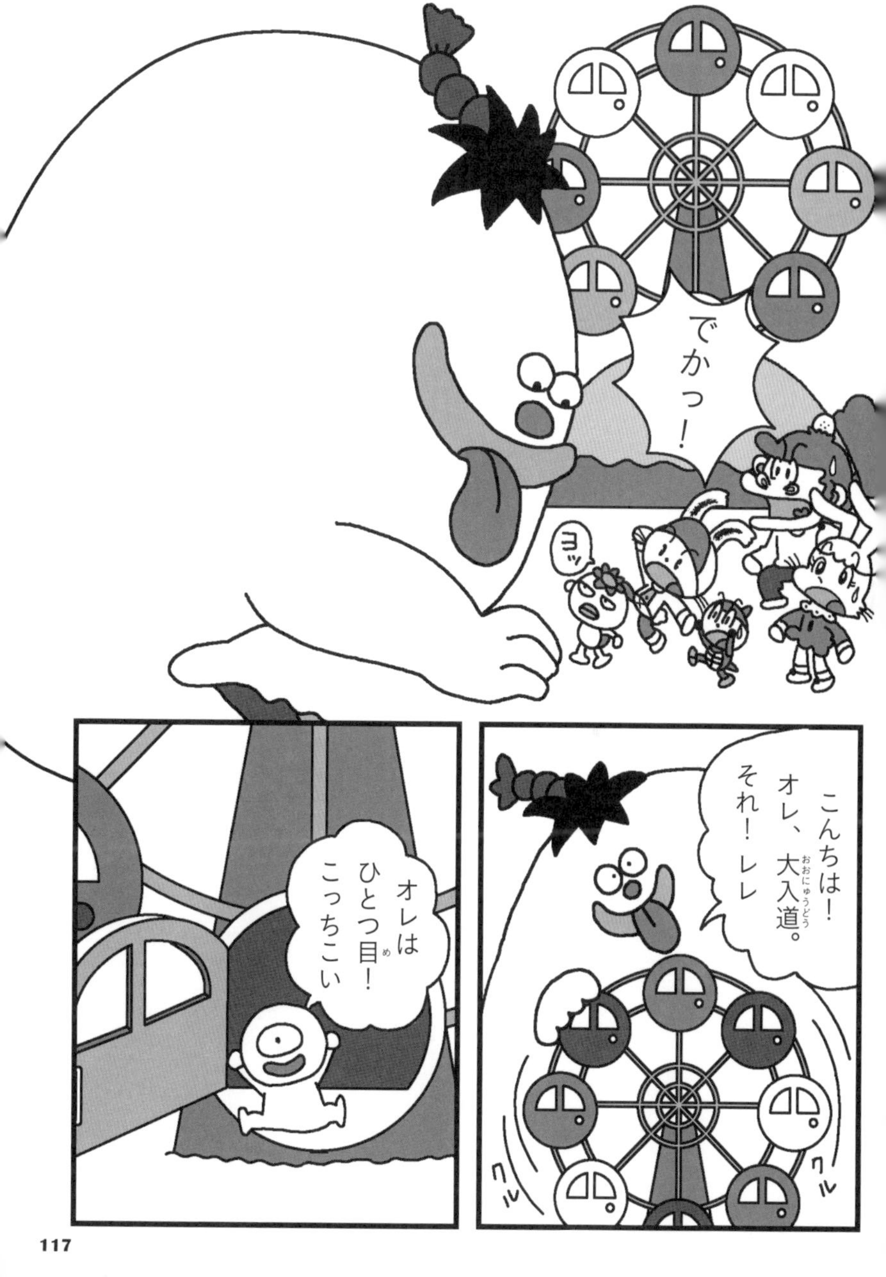
でかっ！
ヨッ
こんちは！ オレ、大入道《おおにゅうどう》。 それ！ レレ
クル
クル
オレは ひとつ目《め》！ こっちこい

この先《さき》は、4番目《ばんめ》のとびらがあるおばけやしきさ。
レレ、でも、いかせな〜い!
まずはオレたちのもんだいをクリアーしな。
ひとつ目《め》のなぞなぞだレレ!
あいかわらずめんどうだな〜
10
「たま」は「たま」でもちょくせつ見《み》られない「たま」って、な〜に?

11
おとなになると「タマ」がきえて鳴《な》きだすけれど、黒《くろ》くて「タマ」がある子《こ》どもって、なーに？

12
キッチンでようふくをぬぎはじめると、人《ひと》をなかせちゃう「タマ」って、なーに？

13
山《やま》で大《おお》きな声《こえ》をだしたらもどってくる見《み》えない「たま」って、なーに？

14
ひねったりしぼったりするといい考《かんが》えがでてくる「たま」って、なーに？

こんどのは
むずかしいぞ！
右《みぎ》のパズルの、
黒《くろ》くなってる
6このピースだけを
ひろって、
ゴールまでいくんだ
スタート

ゴール
できちゃった？

まだまだっ！
大入道《おおにゅうどう》&《アンド》ひとつ目《め》たちで作《つく》っためいろは、どうだ！やってみろ～
スタート

ゴール

ぴょこたん、すごいレレ！まいりました
やった！
うん、えらいな〜
先《さき》にいかせるんだな〜
まだ先《さき》があるの？
げー
たいへんだあ！
オーイ！！
あとちょっとだってさ！がんばっていこう。見《み》て見《み》て〜、かいだんめいろだ！
スタート

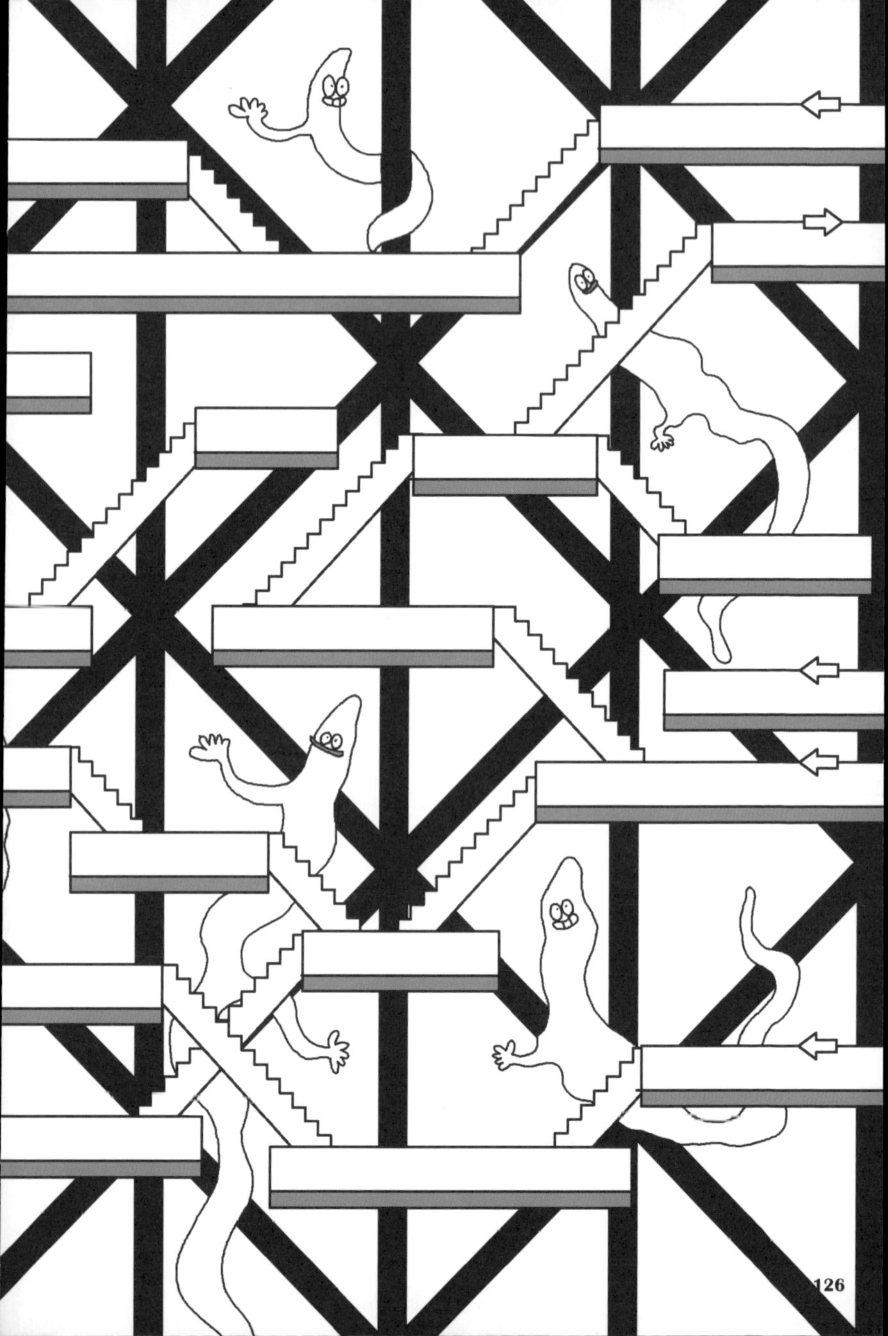

ゴール

これに
のるのかな?
ひょ〜〜〜〜〜〜〜〜〜〜ん
お
ち
て
い
くぅ
…うごけない
こしが
ぬけた〜。
あわわわ

スタート
うわあ、
たてとよこが
ヘンなめいろだな

ゴール

ボウィ、どこまでついてくるの？
高《たか》いところにでたな
このかいだん、すごく長《なが》いね
へいきへいき！あと、ちょい
もう！帰《かえ》りなよ！
グラッ
ゴ
ワ！
カメたん、いた〜い！
あ、とびらだ！
もんきち〜、おまたせ〜
ゴゴゴ
4
バタン！

よっ！きたよ、もんきち！
おそかったね…
ズ～ン
くらいっ！
ゴメンゴメンって
…うん。いいんだ
でも…わすれてたんでしょ？
カゲもうすいし…
トントン
カッパくん？
ギュ～
しんぱいしたんだな～
ポロ
友《とも》よ…。

ほんとよ～
そうそう！やっと見《み》つけた
やさしいなあ。カメたんのかわり？
こらーっ！いるよいるよ！
さて、ぬけだそう
ポヨン
うん！
だいじょうぶか？
これで～
みんなそろった！
めでたいめでたい

ユラ ユラ ユラ
ねえ、みんな このへや、ゆれてない？
？
わ！ ほんとだ！
オットット
そうなんだよ。ずーっと ゆれながら、うごいている みたいなんだよ
キャー
とにかく 外《そと》に でてみよう
ワァ！
ユラ
ユラ

オットット
オッイッイ
オットット
このめいろがつうろになっているのかな。いくぞ！
スタート

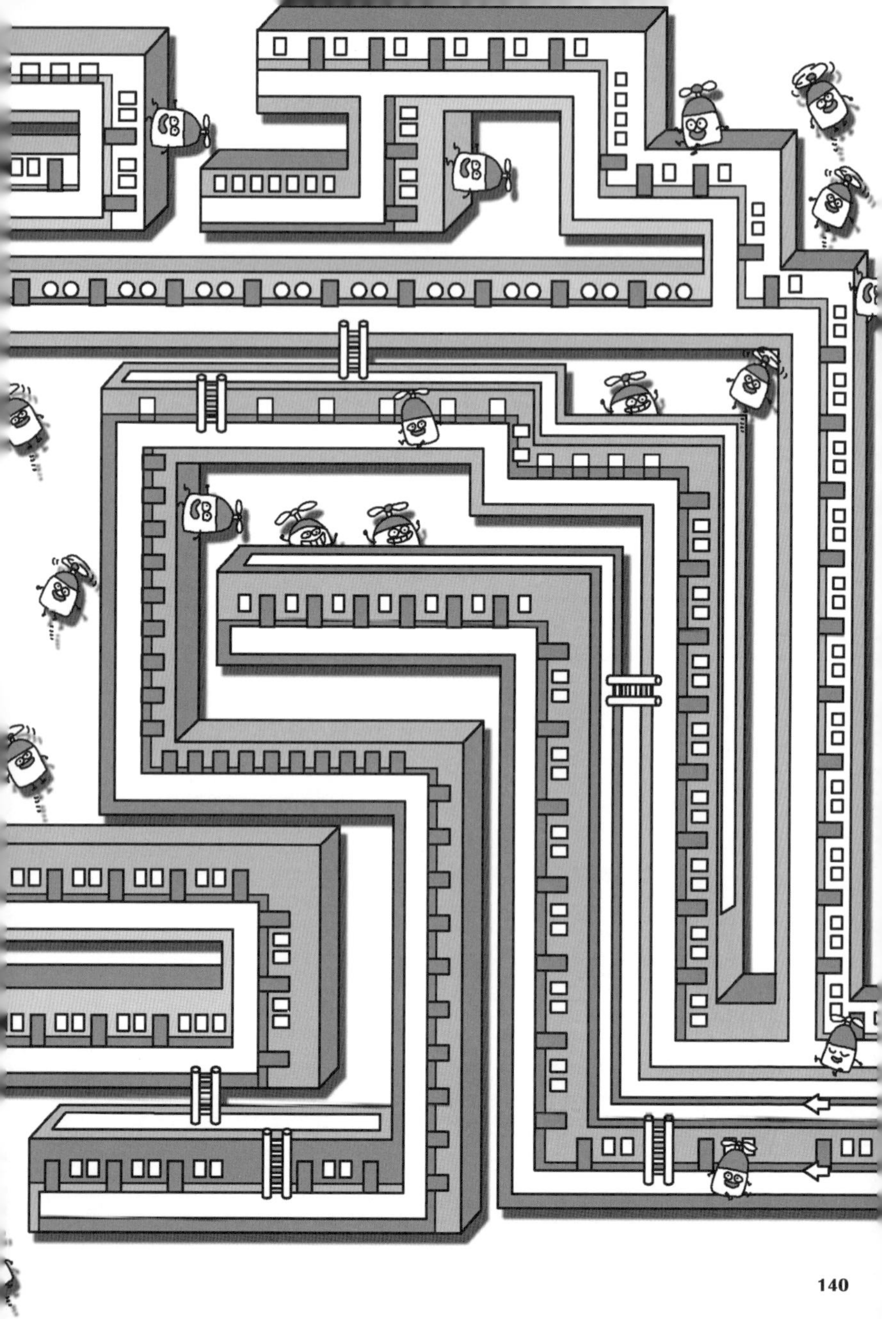

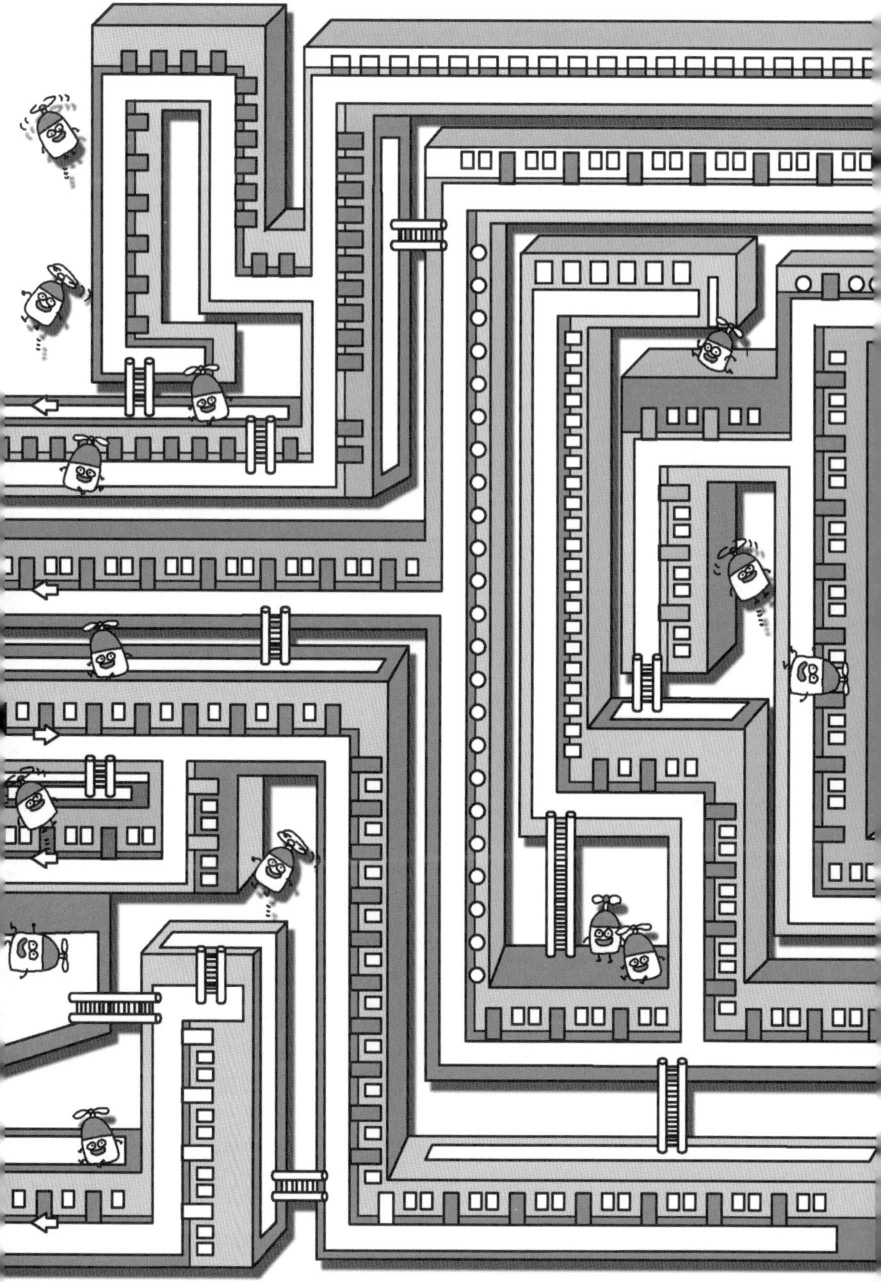

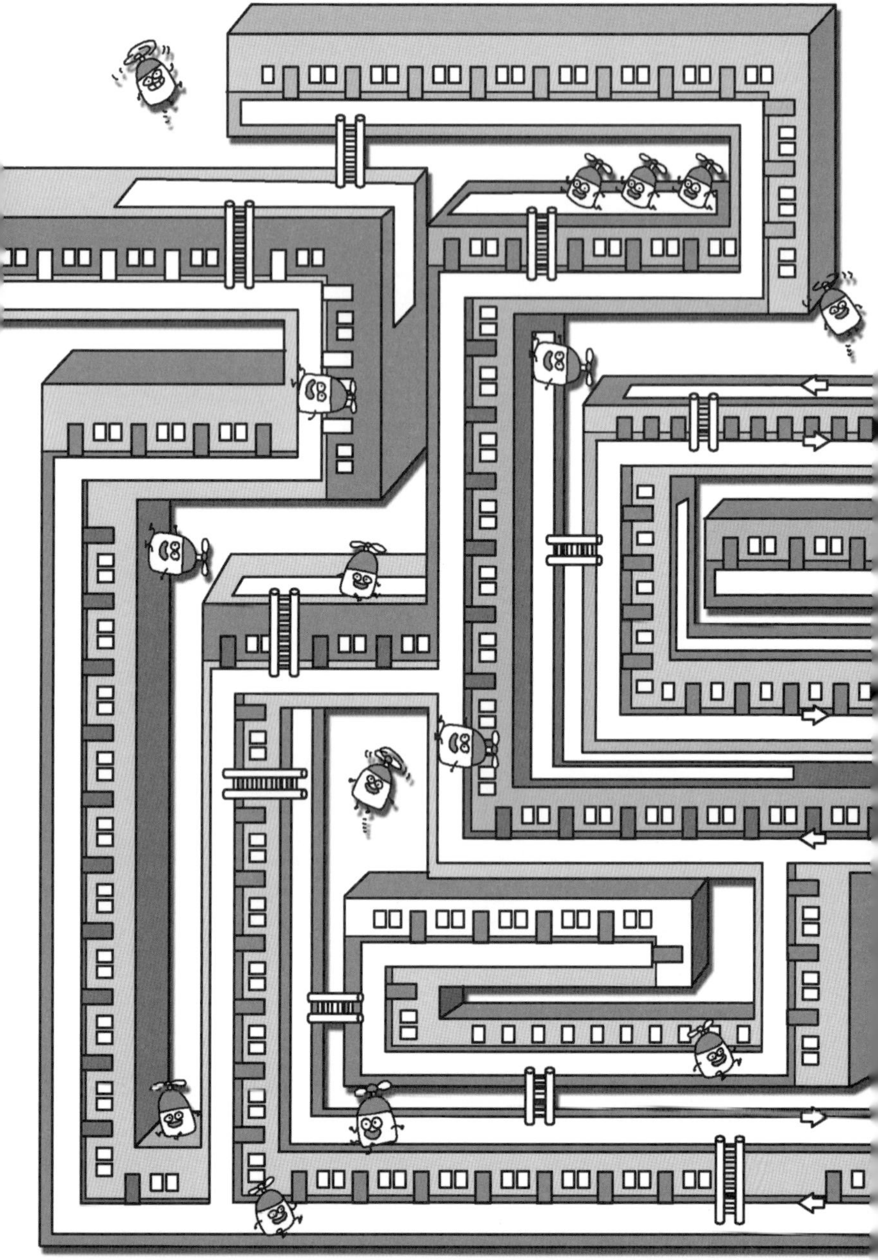

…え
え?
えーっ
エ
ゑ!
な〜
ゴール
エ〜〜〜
まさか! ここ、海《うみ》の上《うえ》なの?

フホホホホ
イシシシシ
ナイロヤッテミナ〜
スタート

…なんと！
ゴール

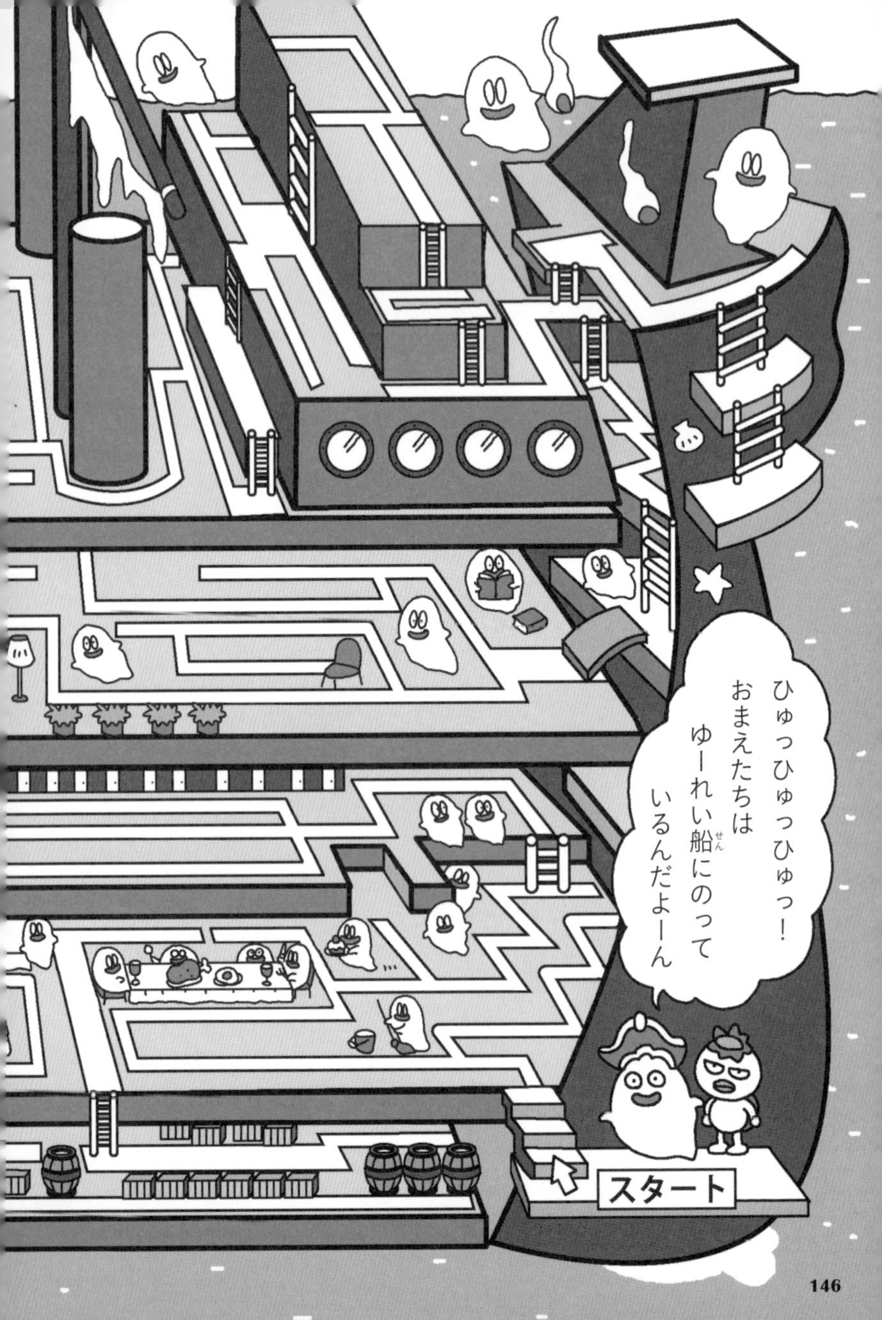
ひゅっひゅっひゅっ！
おまえたちは
ゆーれい船《せん》にのって
いるんだよーん
スタート

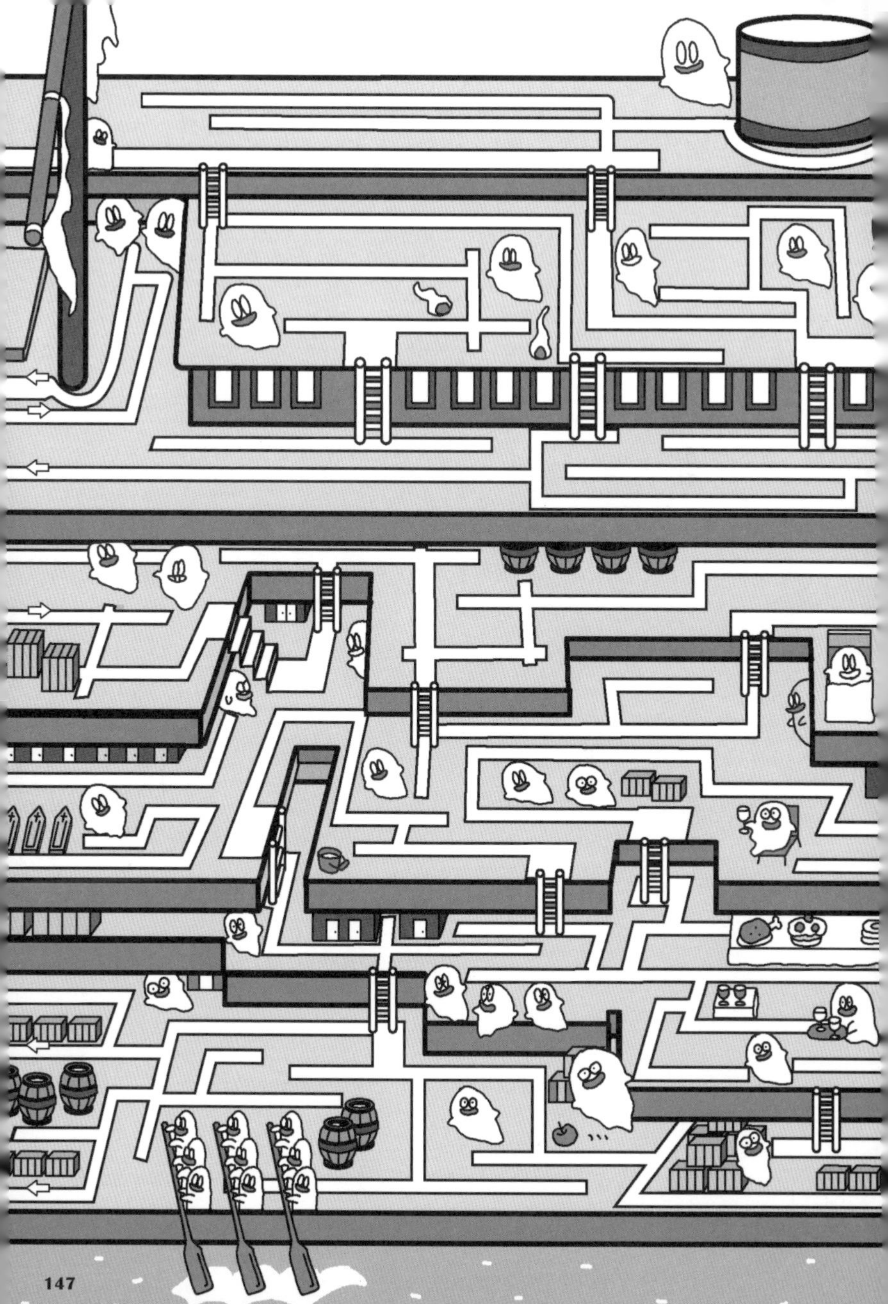

ゴール

どうする？にげられないよ
とびこむ？
海水《かいすい》はな～
にがてだな～
お～～～い！
ブクブク
だれかきた！
ザバ
よんだ？
オラ、このへんにすんでる海《うみ》ぼうずだぞ。おまえたち、そこでなにしてる？
うかばせてあげるから、ちょっとあそんでいきなよ
へ～
そんなら、ちょうせんするよ！

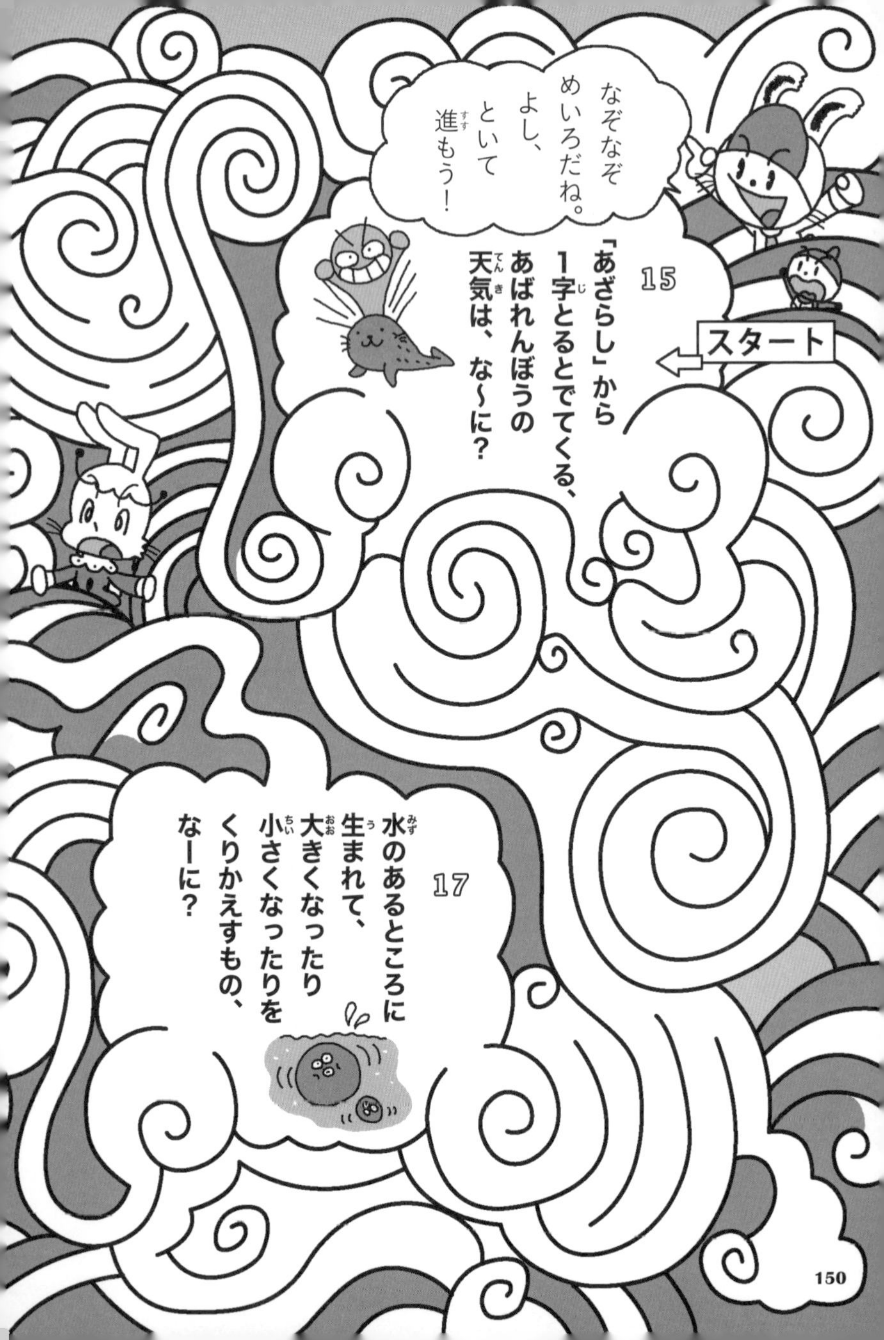
なぞなぞめいろだね。よし、といて進《すす》もう！
15
「あざらし」から1字《じ》とるとでてくる、あばれんぼうの天気《てんき》は、な〜に？
スタート
17
水《みず》のあるところに生《う》まれて、大《おお》きくなったり小《ちい》さくなったりをくりかえすもの、なーに？

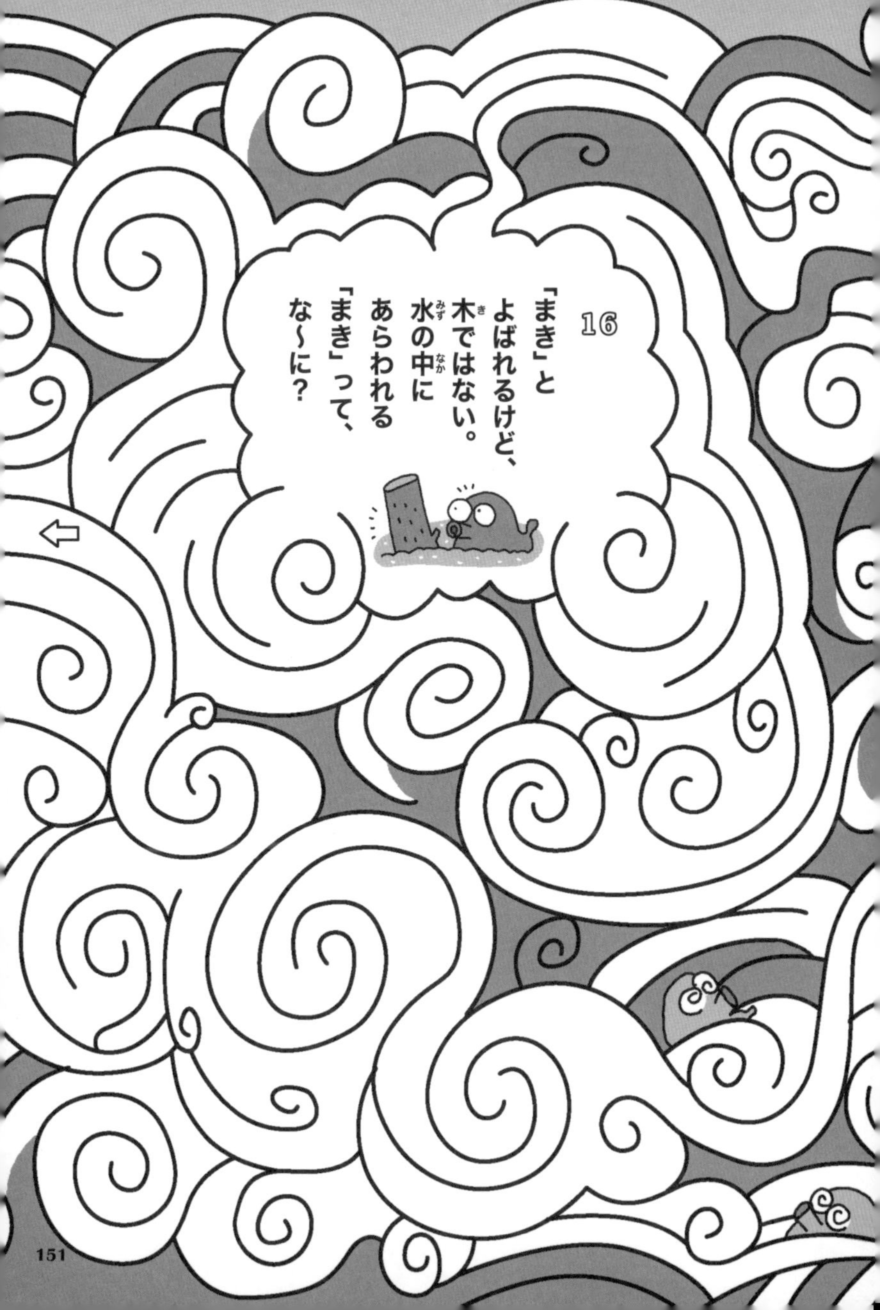
16
「まき」と
よばれるけど、
木《き》ではない。
水《みず》の中《なか》に
あらわれる
「まき」って、
な〜に？

18

「ぼう」みたいな
名前《なまえ》なのに大雨《おおあめ》を
ふらせ、
大《おお》あばれ
するもの、
なーに？

19

おく
ふかくまで
いかないと
見《み》られないのに、
海《うみ》のすぐそばに
ありそうなもの、
な～に？

20
強《つよ》くても弱《よわ》くても
すがたは
見《み》えないけど、
やねをとばす
ほどの力《ちから》を
持《も》っているもの、
なーに？
ゴール

かんたんだ
ただいまぁ
楽《たの》しかったね
もどってきた!
しかし、これから どうするかな～
そうよね
この船《ふね》から ぬけだすには…
なんとかなるよ。あっちを見《み》てみよう
お! かっこいい
ここは、そうじゅう室《しつ》だね
あなたが 船長《せんちょう》さん?
ココどこですか!?
アレ? …こんにちは

ギャー
グラッ
チョン…
ドーン
カメたん
へいき？ お？
これって…、
海《うみ》の地図《ちず》だ！
帰《かえ》れる
のか？
うん！
いけそうだよ
スゲー、
こわく
ないのか？
なーんだ。
コレ
人形《にんぎょう》よ♡
あっそ！
ひぃ
ヒョイ

Map
スタート

ゴール

ついたーっ！
よかった！
しずかだね…
だれか
いませんか～？
おりょりょ
ヤバそう！

まけないぞっ。
グルグル進《すす》もう！
スタート

おまけだよ！
サングラスしてるのを 4ひき、
さがしてみな～。
コウモリぐんだんより
ゴール
だっしゅつ！

スタート
こんどは大《おお》きなボスのおでましだね！みんな、いくよーっ

ゴール

クル
クル
ややや？
なに？
回《まわ》ってる！
ど〜も〜。ドラキュラです
あれ？どこかで会《あ》ってるよね？
…それはせっかちな兄《あに》のほうでは？わたしは弟《おとうと》です
兄《あに》でも弟《おとうと》でもいいけど、帰《かえ》り道《みち》をおしえてよ
…なんかしつれいだな
…いいか、よく聞《き》きなさい。この先《さき》の光《ひかり》のとびらを…。
光《ひかり》のとびらね！
こらーっ！話《はなし》はさいごまで聞《き》きなさーい！わたしのだすもんだいをクリアしなくては先《さき》には進《すす》め…

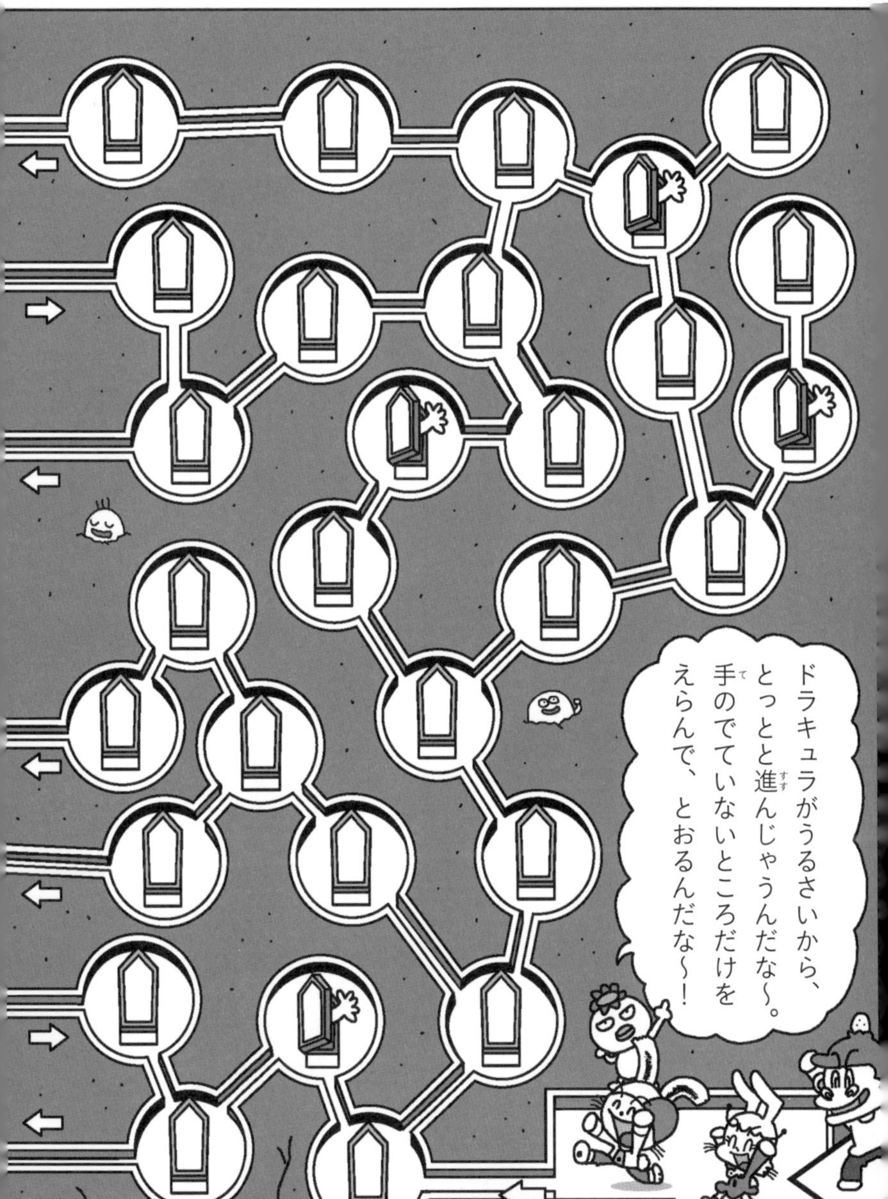
ドラキュラがうるさいから、
とっとと進《すす》んじゃうんだな〜。
手《て》のでていないところだけを
えらんで、とおるんだな〜！
スタート

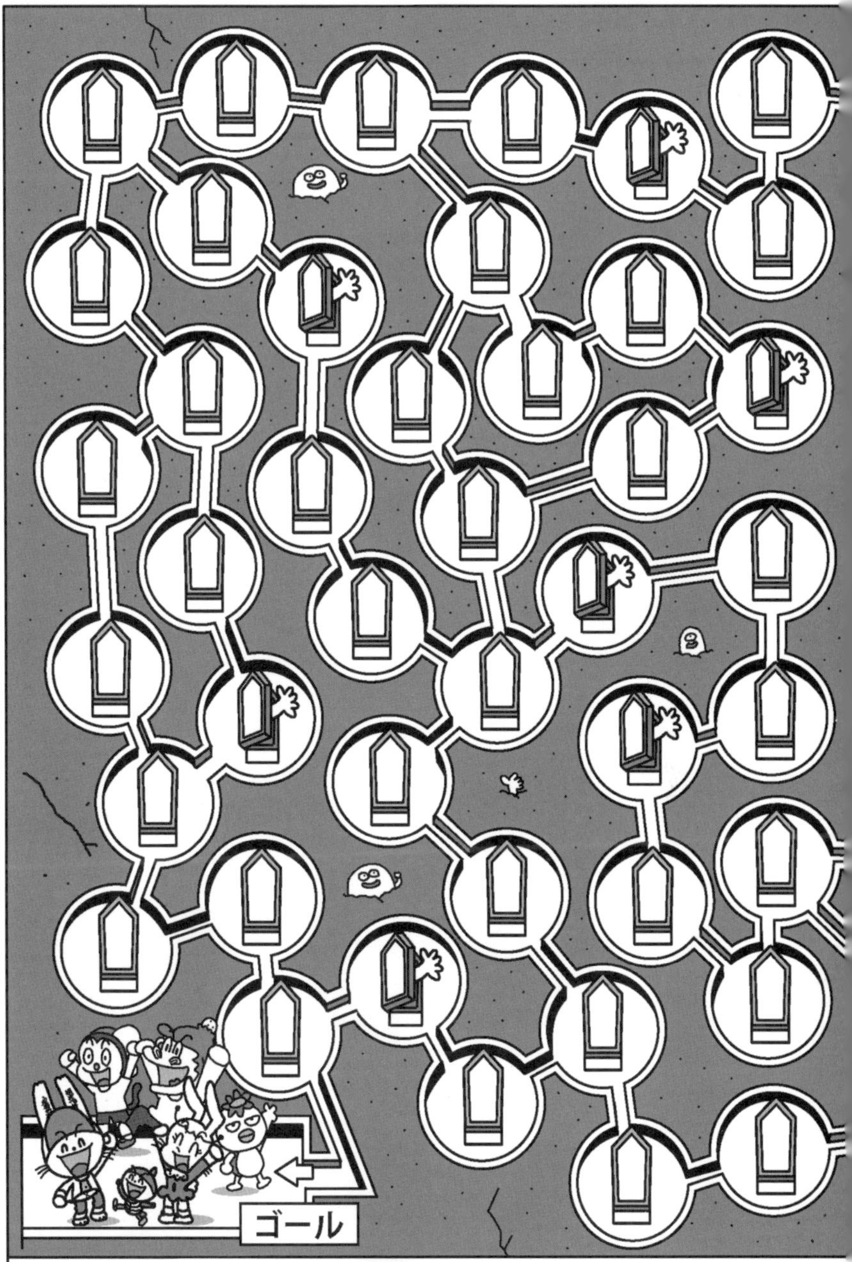
ゴール

あっ！
にげだした！
サヨナラッ！
ちょっと、
なんでにげるの？
まて！
ふんだ。
くやしかったら
つかまえてみな
それ！
トマト
こうげき！
ドラズトマトジュース
ジュース
工場《こうじょう》？

ベルトコンベアだ!
らくちん〜!
スタート

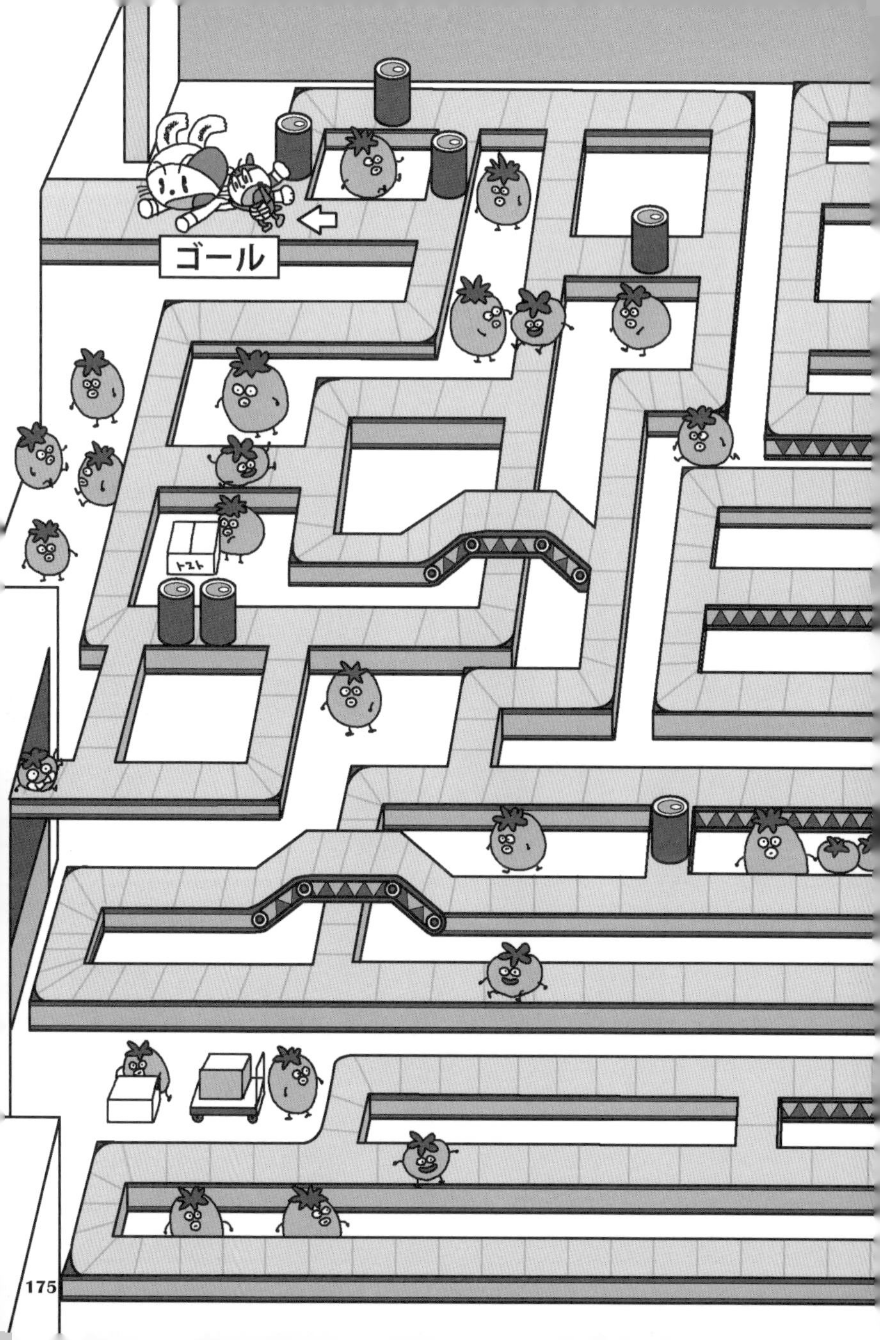
ゴール

おいついた！
しまった！
ひゃ、ゴメン！
ビリ
あらら……
ほんとゴメン。でもそれも、にあってるよ……
そうだ！
なんかあやしい……
きゅうにやさしくなったわ
気《き》にしないでくれるんだ。よかった～
はいはい、光《ひかり》のとびらでしたね。こっちこっち～！
カルイ……カルすぎる……
スタスタ

さあ、まちがいさがしだよ！

上《うえ》の絵《え》と下《した》の絵《え》では、ちがうところが **5こ** あるよ。さがしてね。

バターン
ブハハハ
ふははははは!
だまされたなーっ!
ここから
光《ひかり》のとびらまでは、
おばけなかま
ぜんいんがあいてだ!
まけたらもどれないぞ。
かくごしろよ!
バッサ
バッサ

…ふーん
かてば いいんでしょ?
とべないのね、みじかくて
やっぱりゴメンね~
うーーー
パサ パサ
パサ パサ
ムキーッ! みんな あつまれ!
ゾロ ゾロ
ゾロ
おっ! なんだか楽《たの》しくなってきた!
きた きた!

こたろ〜、まずはどんなもんだい？
ぴょこた〜ん！またまたどうもなの〜。さいしょはふしぎなぞなぞなの〜。がんばって考《かんが》えてなの〜☆
23
ピカピカののっぺらぼうなのに、のぞいた人《ひと》の顔《かお》をまねするヤツは、だーれ？
21
あなに入《はい》らないと大《おお》きいか小《ちい》さいかわからない、目《め》に見《み》えないヤツ、なーに？
24
体《からだ》をなでるとあわをだし、やがては小《ちい》さくなってきえるヤツはだーれ？
22
「ぞう」なのに人《ひと》の体《からだ》にすんで、歩《ある》くヤツ、なーに？
25
ねむくなると口《くち》からでる、見《み》えない「くび」って、なーに？

26
長《なが》ほそい
2まいの
はで、
紙《かみ》やぬのを
切《き》るヤツ、だーれ？
27
目《め》には見《み》えず
音《おと》もなくながれて、
ぜったいに
とりもどせ
ないもの、
なーに？
28
さつえいすると
かならずほねがうつる
こわ〜い
しゃしん、
なーに？
29
のるときに
あらわれ
おりると
きえる
ぶきみなかいだん、
なーに？
30
このページにいる
なかまが
すんで
いそうな
星《ほし》って、
どこかな？

つぎは、えさがしだよ！
1から15までの
おばけたちを、
この中《なか》からさがしてね。
たくさんいるけど、
がんばって〜！
3
2
1

15
14
13
12
11
10
9
8
7
6
5
4

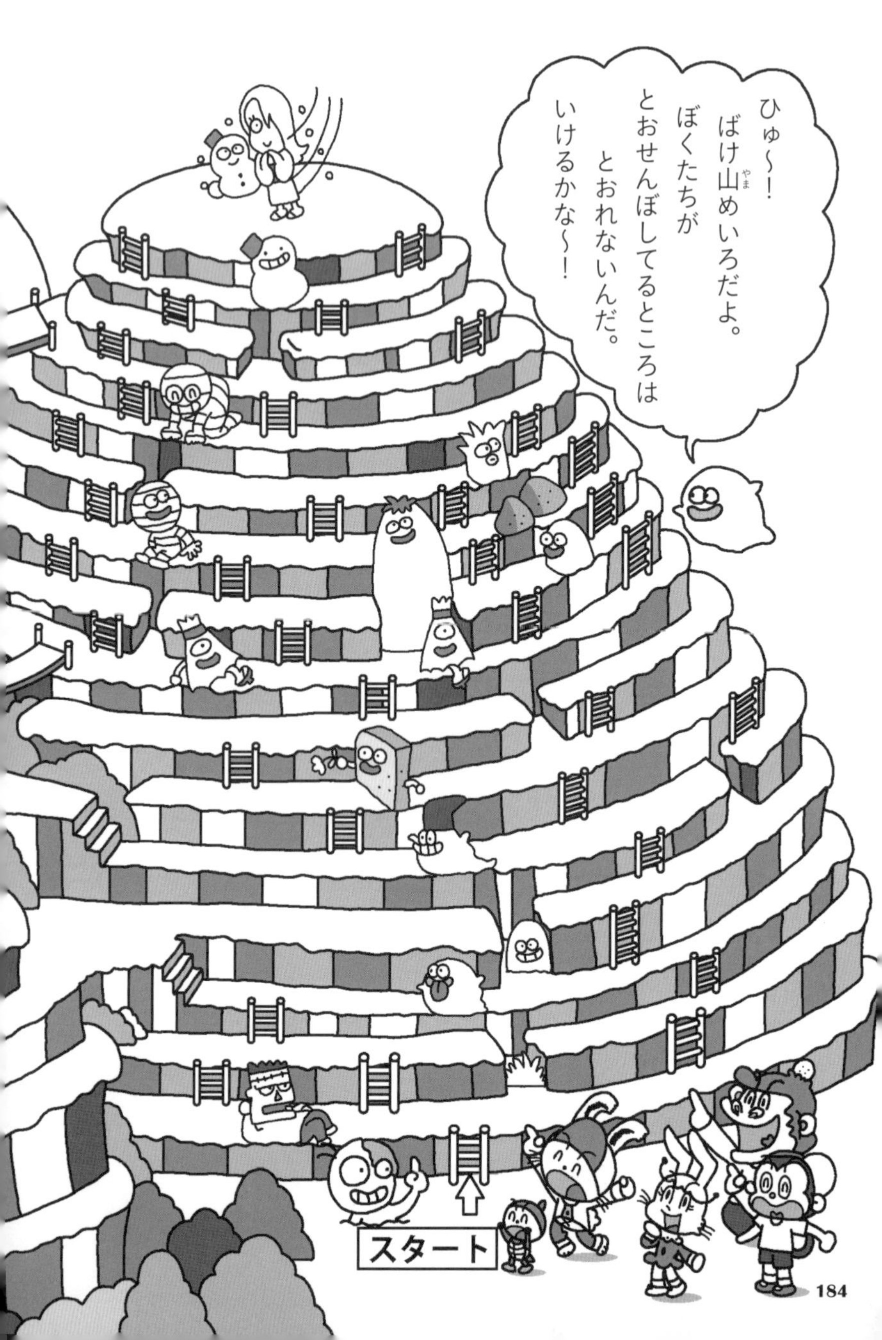
ひゅ〜！
ばけ山《やま》めいろだよ。
ぼくたちが
とおせんぼしてるところは
とおれないんだ。
いけるかな〜！
スタート

まだまだよぉ〜

ゴール

ううぬ。ここまでくるとは！
えへへへへ
とんでる～
さあ、もう光《ひかり》のとびらをおしえてよ！
ズルイぞ
イヤだね
！
おしえてくれたら、ぼく、ぼうしをとってもいいよ！
見《み》たことないでしょ？
こら！ボウィ！

ぴょこた〜ん！
だいじょうぶなの。
あとちょっとで
ゴールなの〜！
ぼくたちも
本気《ほんき》でやるの〜っ。
がんばってなの！
オー！
よし！
めいろとえさがしで
光《ひかり》のとびらに
あんないするぜ〜
やった！

スタート
わわ〜!
いきなりスゴい、
このこまかさ…。
ゆっくりいくぞ!

ここでも、えさがし！

1から10まで、見《み》つけてね～☆

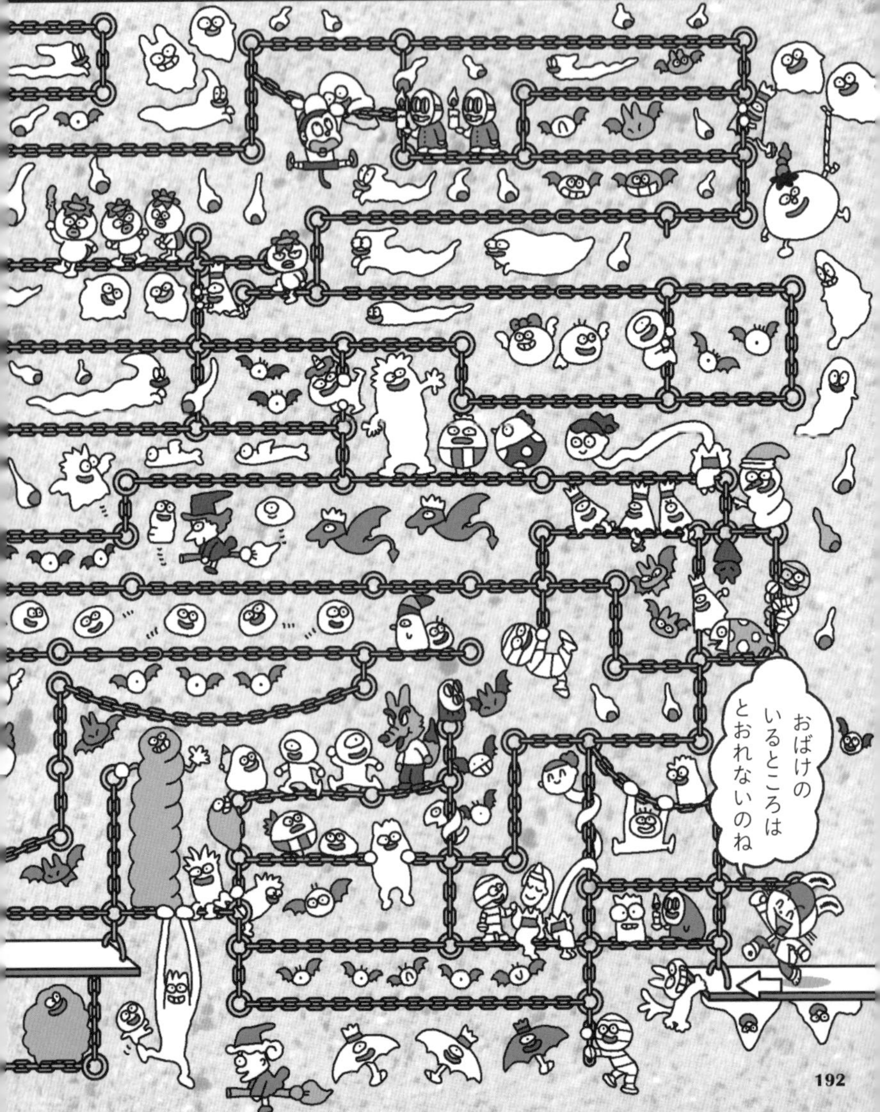

10
9
8
7
6
5
4
3

さらに、えさがし！

1から11まで～☆

11
10
9
8
7
6
5

これでラストだっ！えさがしもわすれずに、いくぞ、いくぞ！
5
4
3
2
1

12
11
10
9
8
7
6

ゴール

ゴール☆
イエーッ！
ドン
ワッ
わ！ きみたち
前《まえ》にも会《あ》ったね？
ひさしぶり！
ンガ
弟《おとうと》がせわになりました
とびらはここだぜ！
兄《にい》ちゃんまってー！
いそがしいそがし！さっさといきますよ。では、また！
またね！あそんでね
じゃあね
スッ

あれ？ここは？
もとの…
ばしょ！
わっ
帰《かえ》ってきた
おどろいたわ～
ああ、よかったね。ホッとした
はらへった
すいとう
どこかな？
あった！

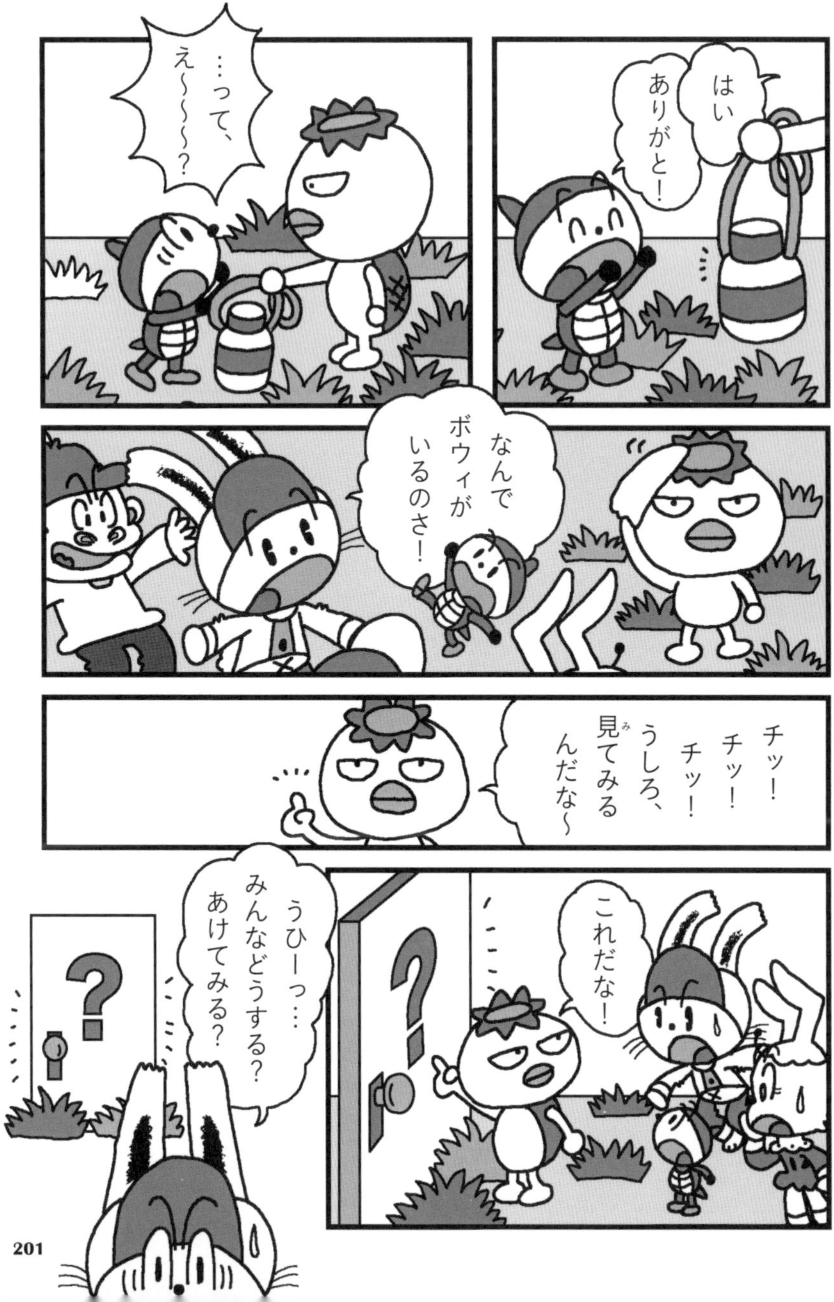
はい
ありがと！
…って、え～～～？
なんでボウィがいるのさ！
チッ！チッ！チッ！うしろ、見《み》てみるんだな～
これだな！
うひーっ…みんなどうする？あけてみる？

p8・9

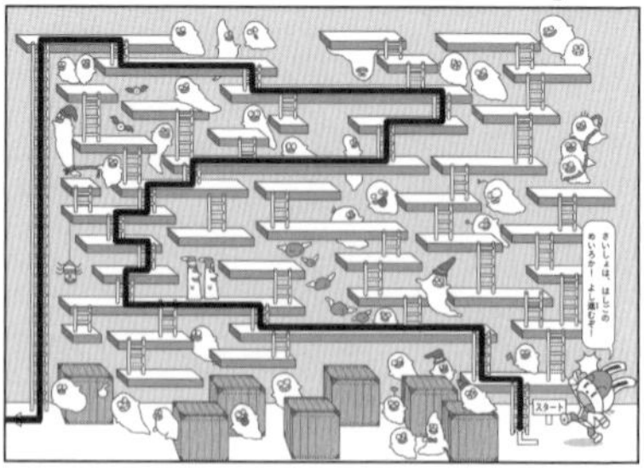

p10・11

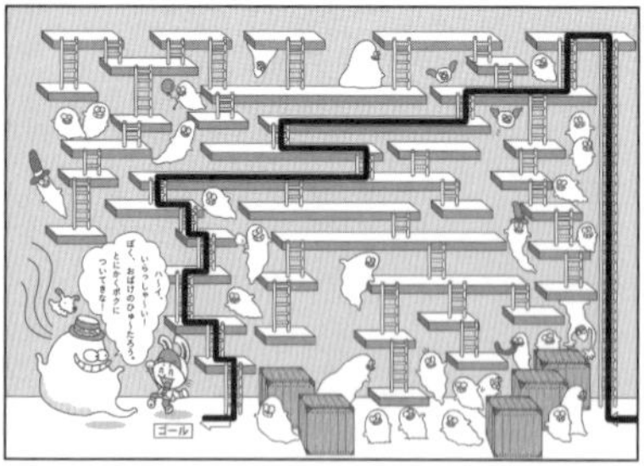

なぞなぞの答《こた》え

p14
↓
1 かんばん
2 かばん
3 るすばん
4 こばん

p24
↓
5 街灯《がいとう》
6 けいこうとう(島《とう》)
7 ライト
8 灯台《とうだい》
9 ランプ(ぷぅーっ)

p118
↓
10 自分《じぶん》の目玉《めだま》
11 オタマジャクシ
12 タマネギ
13 こだま
14 頭《あたま》

p150
↓
15 あらし
16 うずまき
17 なみ
18 暴風雨《ぼうふうう》
19 海《うみ》の底《そこ》
20 風《かぜ》

p180
↓
21 音《おと》
22 ひざこぞう
23 かがみ
24 せっけん
25 あくび
26 はさみ

27 時間《じかん》
28 レントゲンしゃしん
29 エスカレーター
30 スモンスター(星《スター》)

p16・17

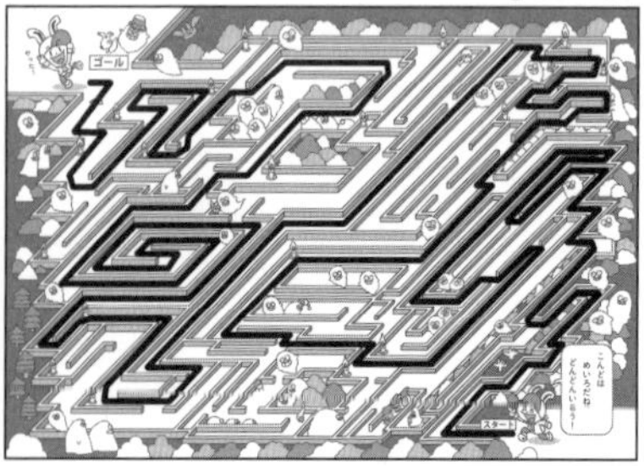

p18・19

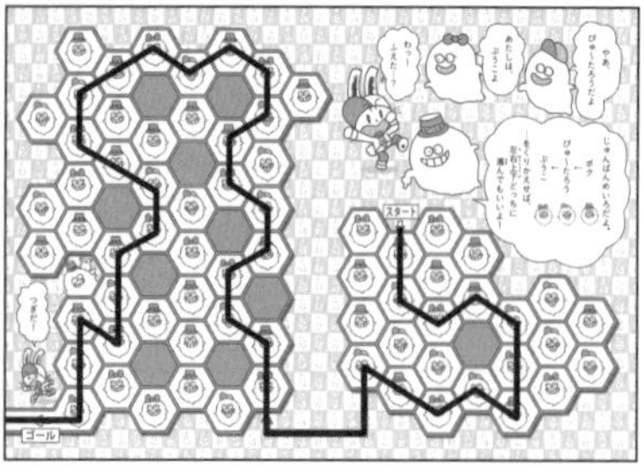

p20・21

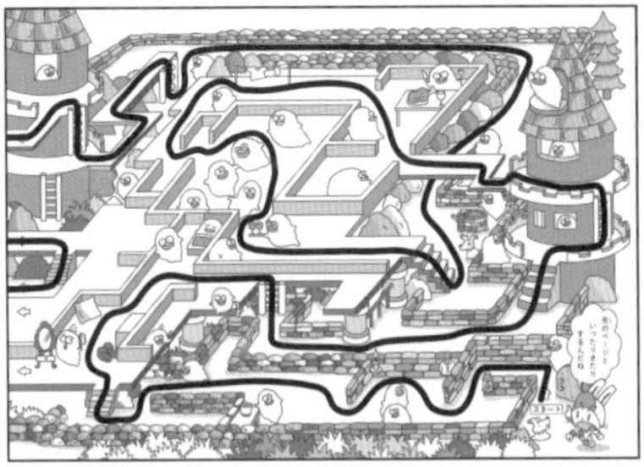

p22・23

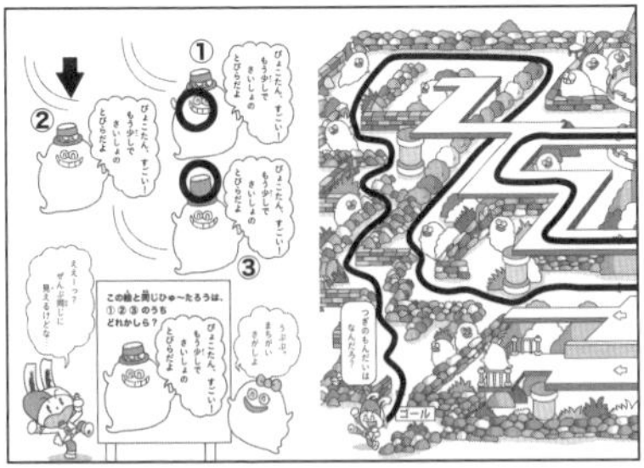

p26・27

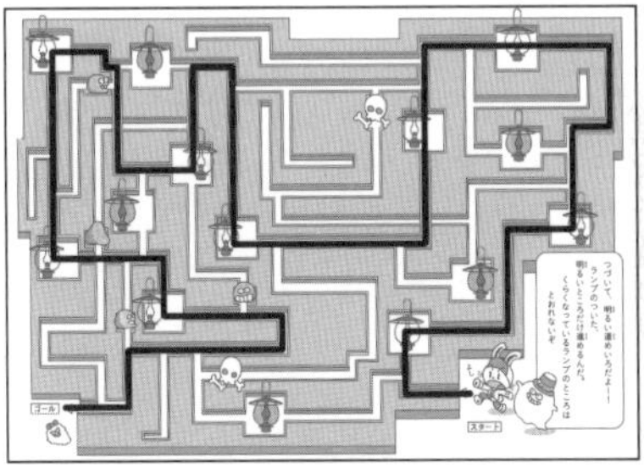

p28・29

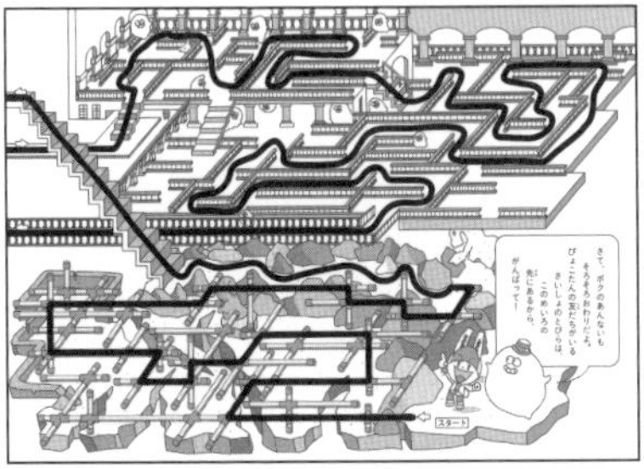

p30・31

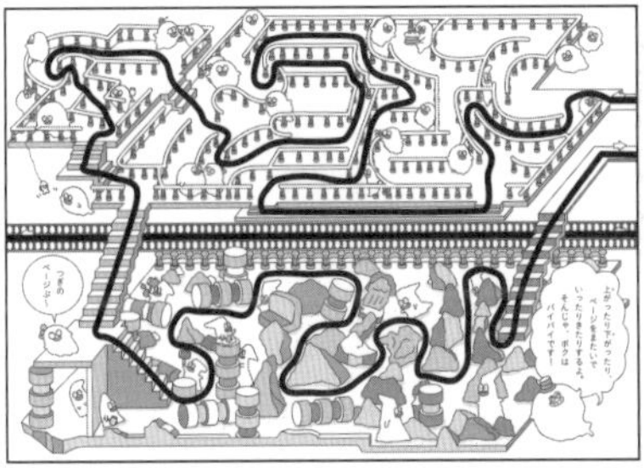

p32・33

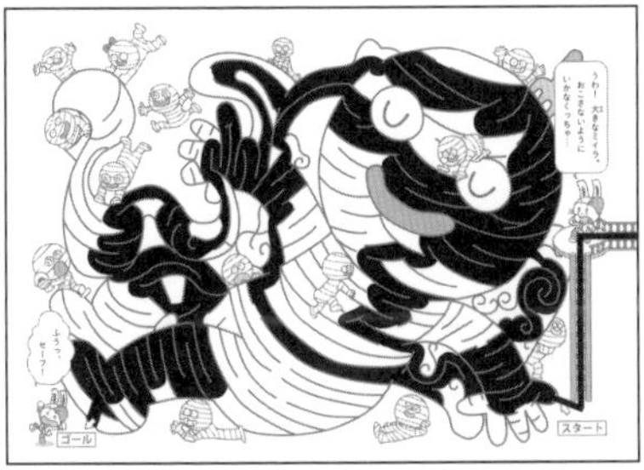

p38・39

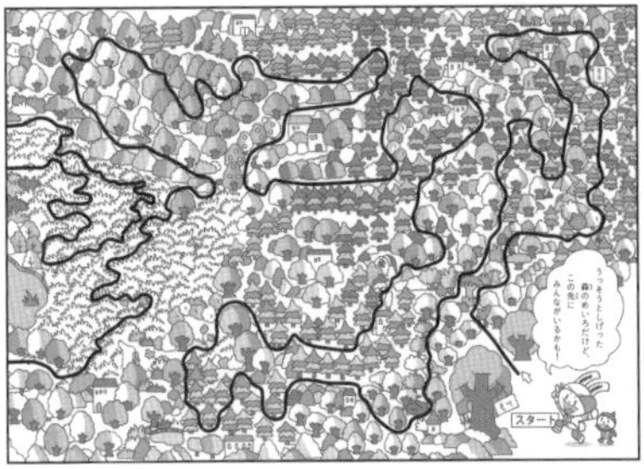

p40・41

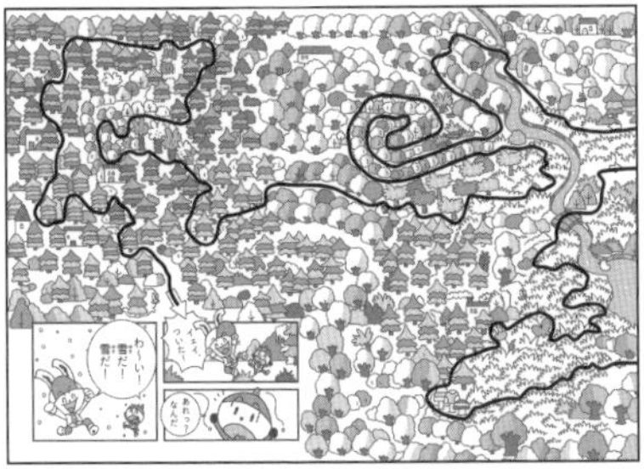

p44・45

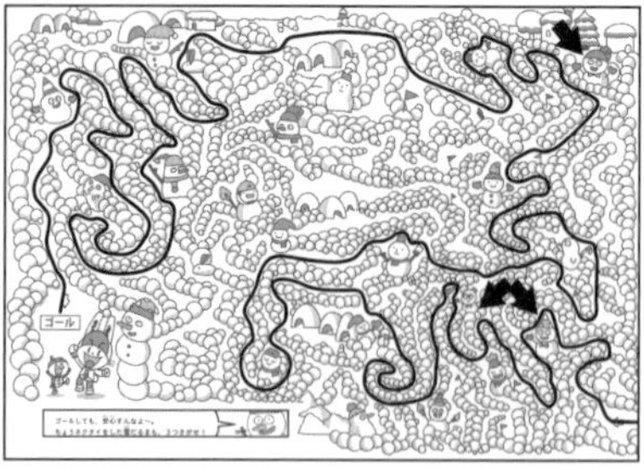

p43

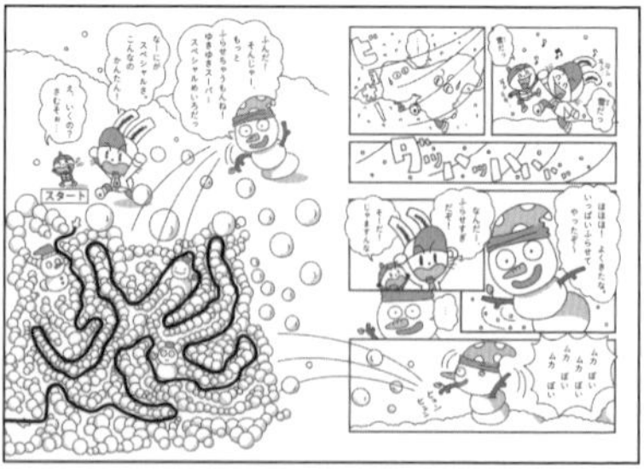

p50・51

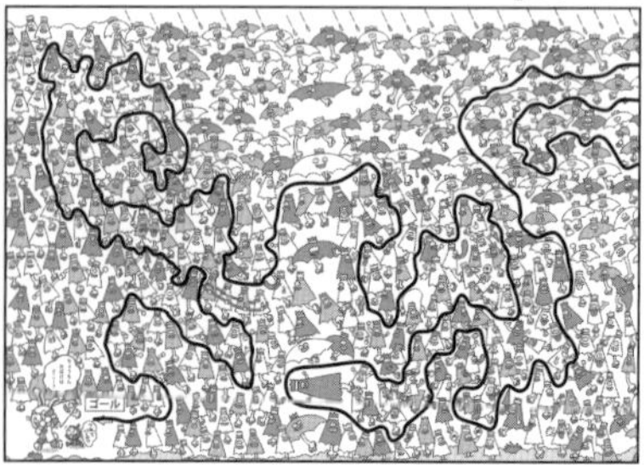

p49

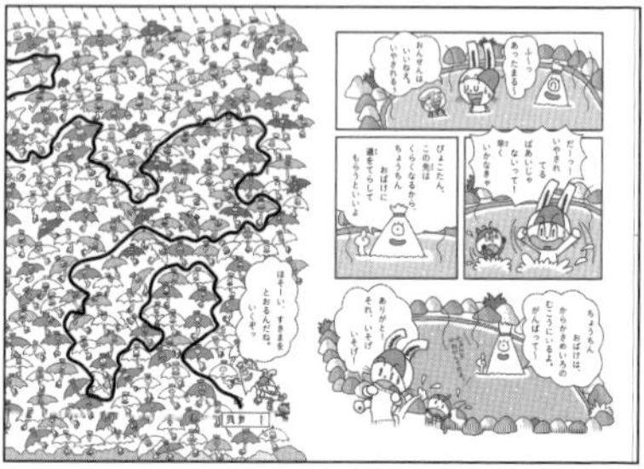

p46・47

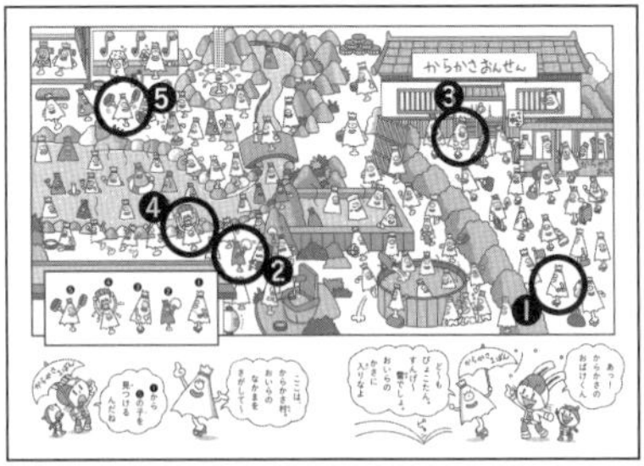

p52・53

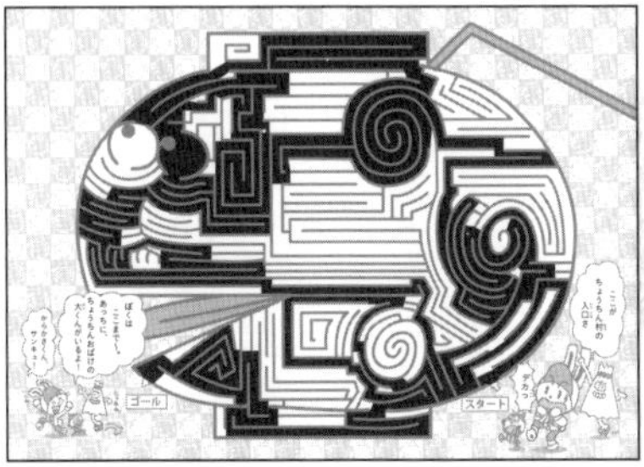

p56

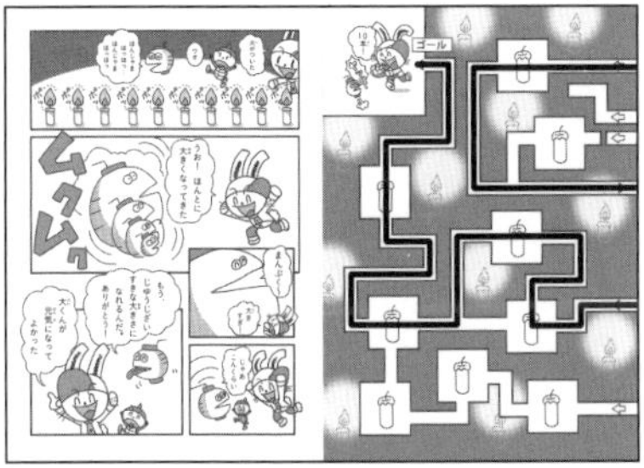

p55

p60・61

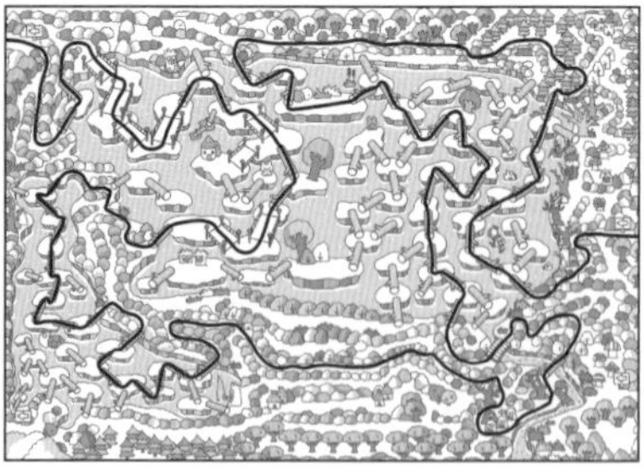

p59

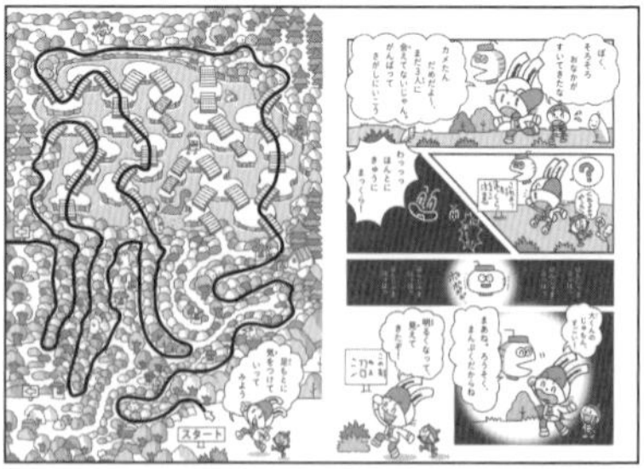

p68

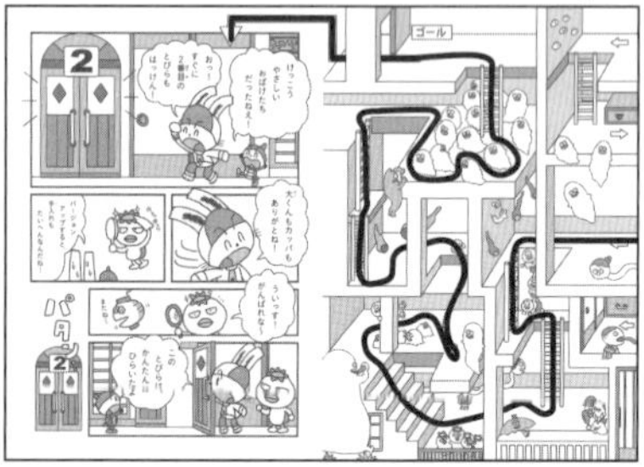

p66・67

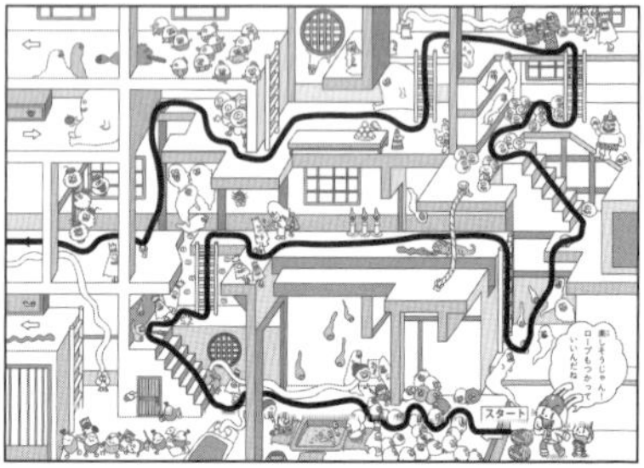

p74・75

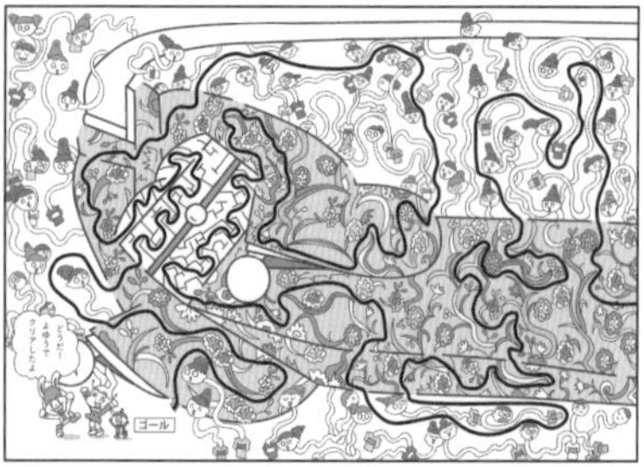

p72・73

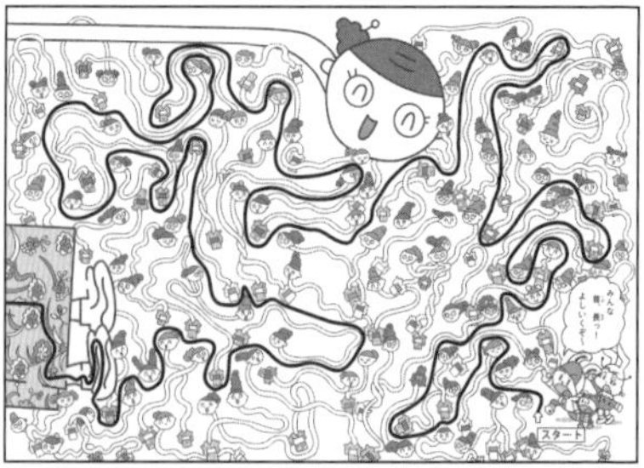

p78・79

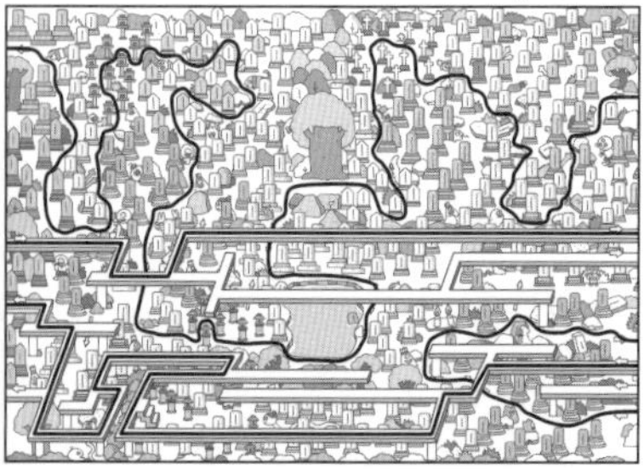

p76・77

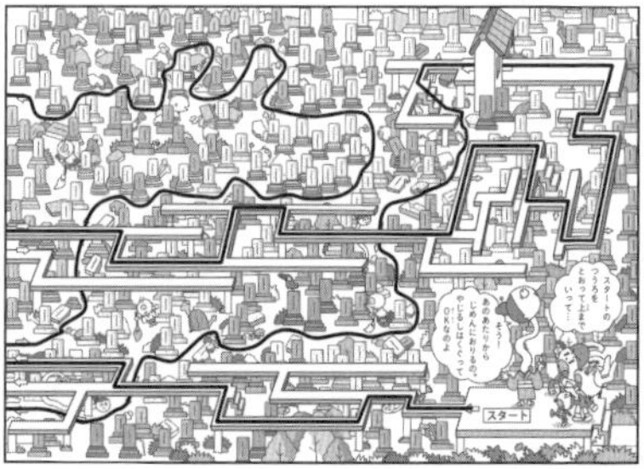

p62・63

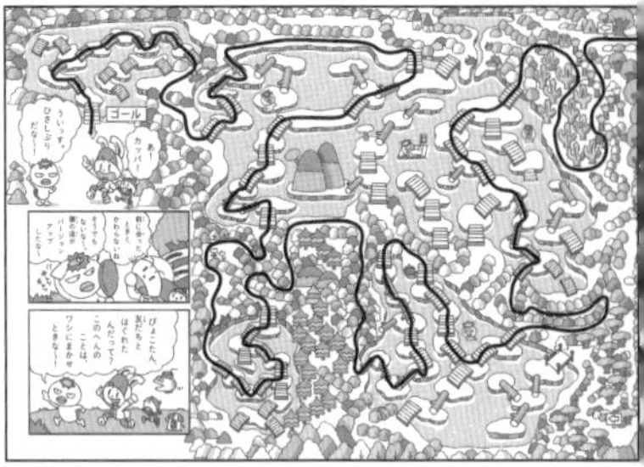

p82・83

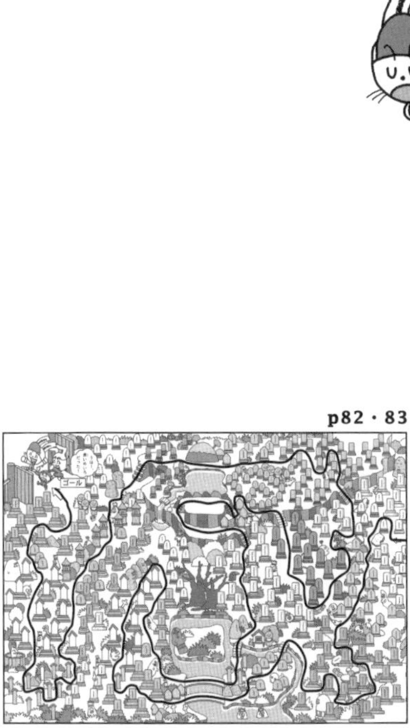

p80・81

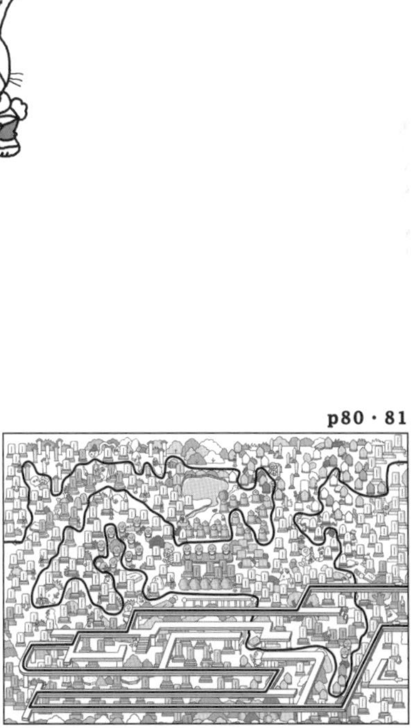

p84・85

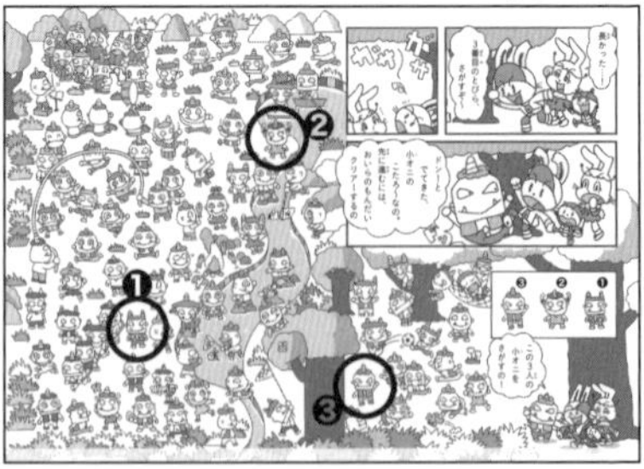

p86・87

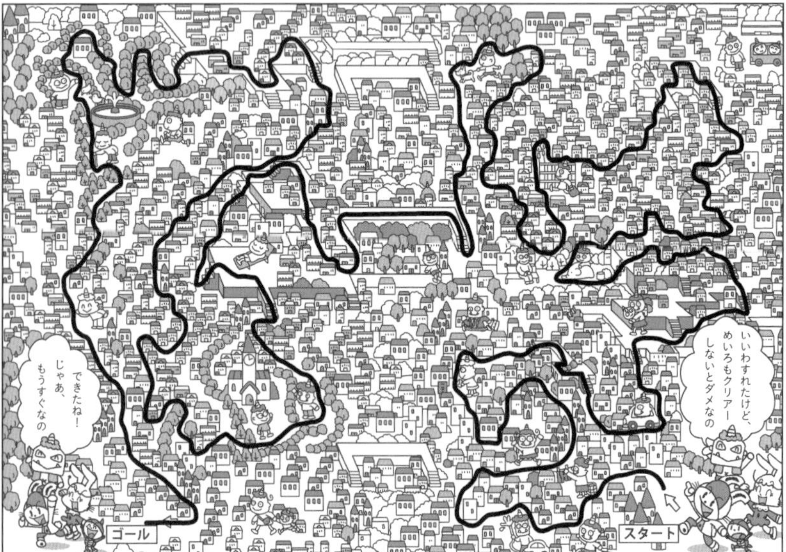

p90・91

p89

p94

p92・93

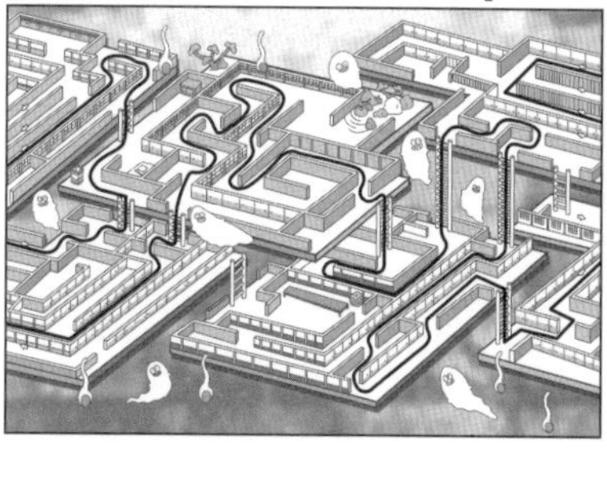

p98・99

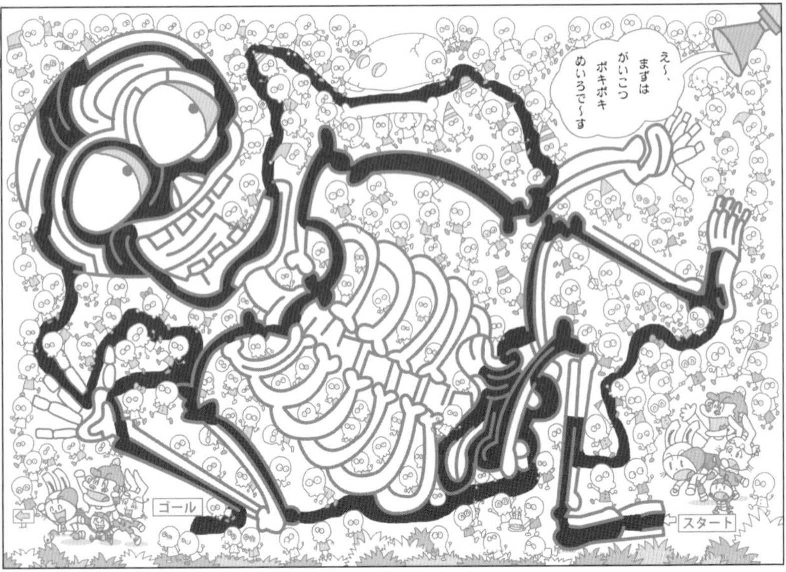

p100・101

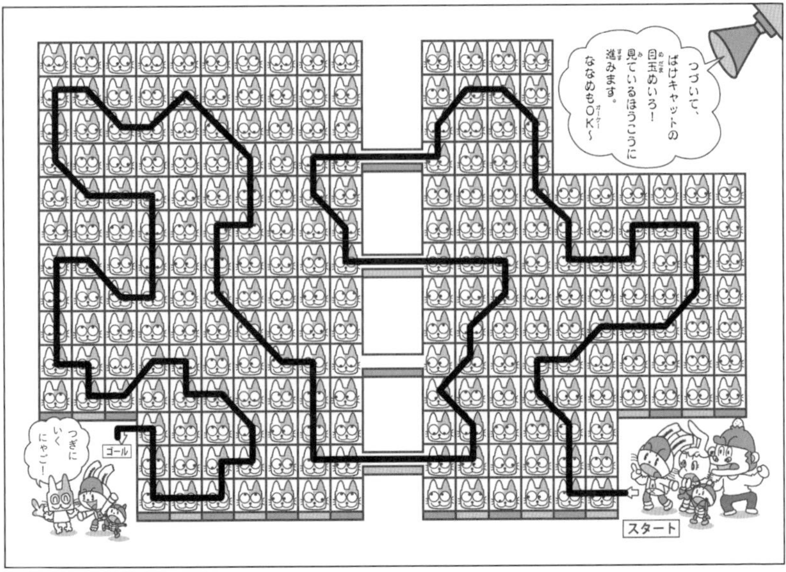

p102

1

2

p103

3

4

5

p104・105

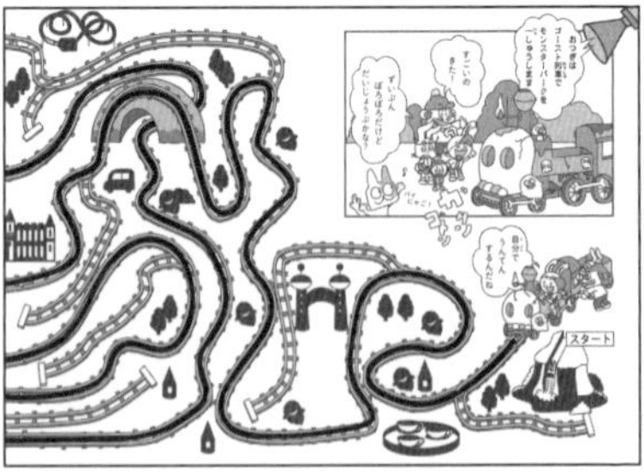

p106・107

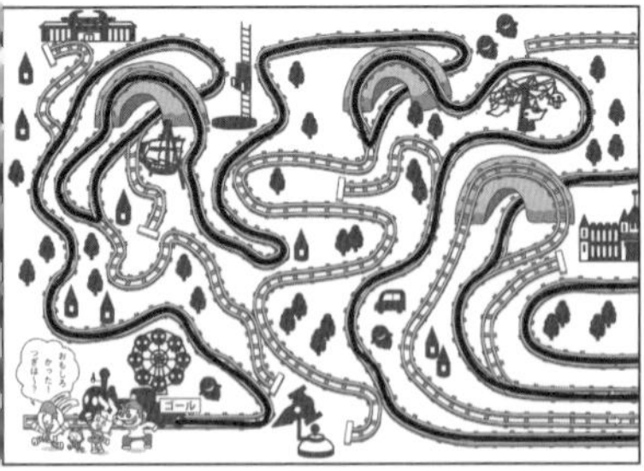

p108・109

p110・111

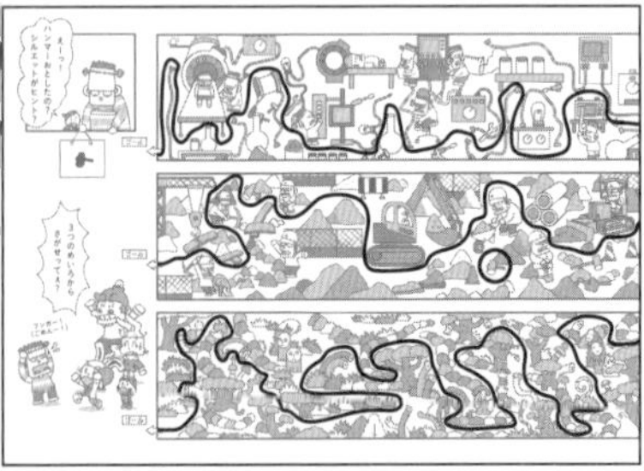

p125

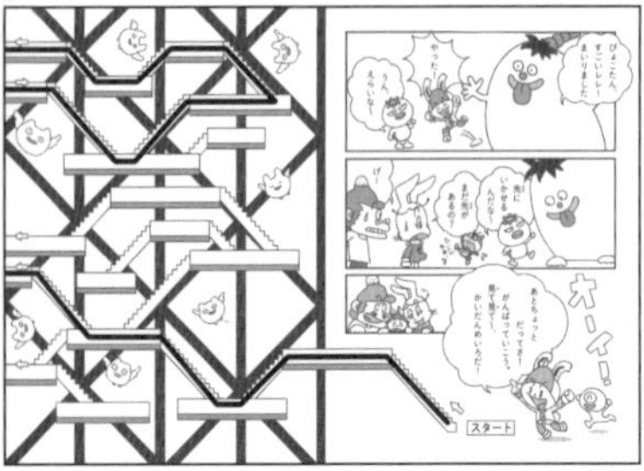

p130・131

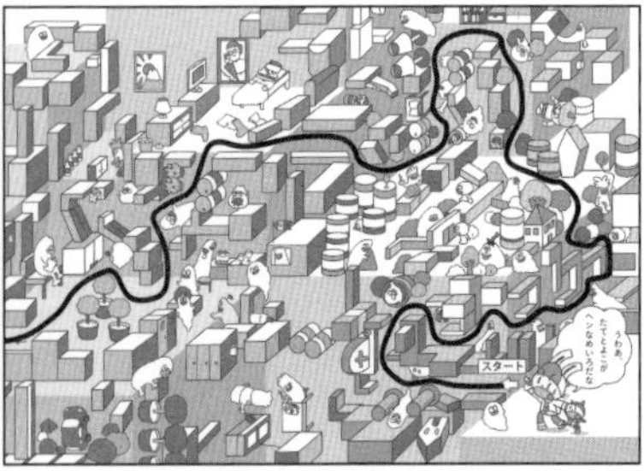

p120・121

p122・123

p128

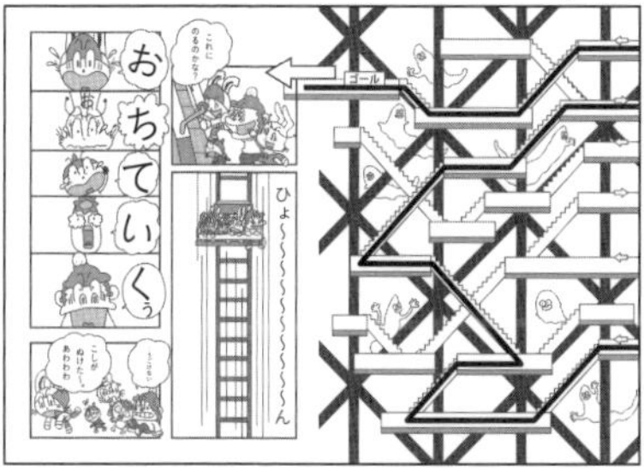

p126・127

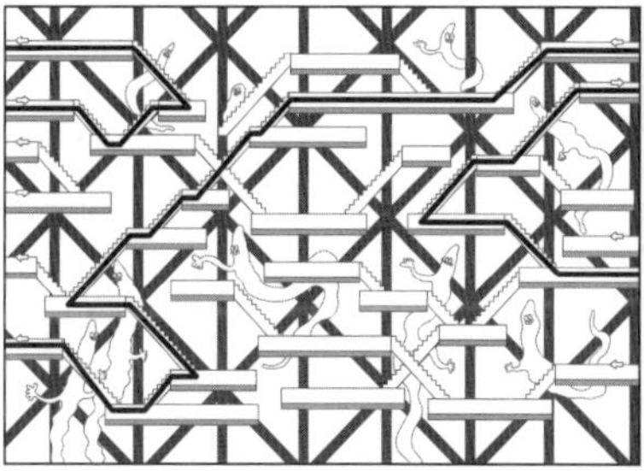

p134

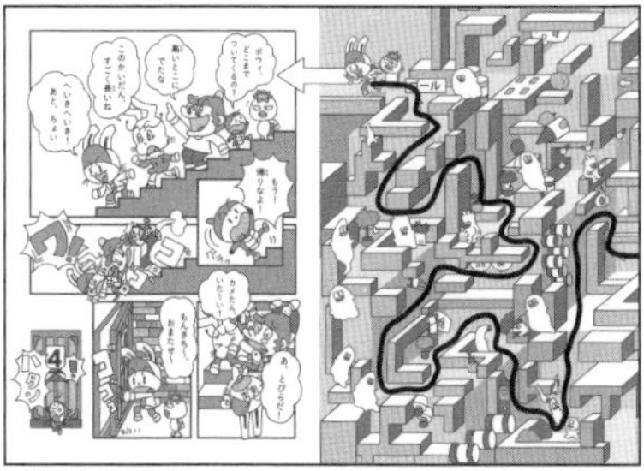

p132・133

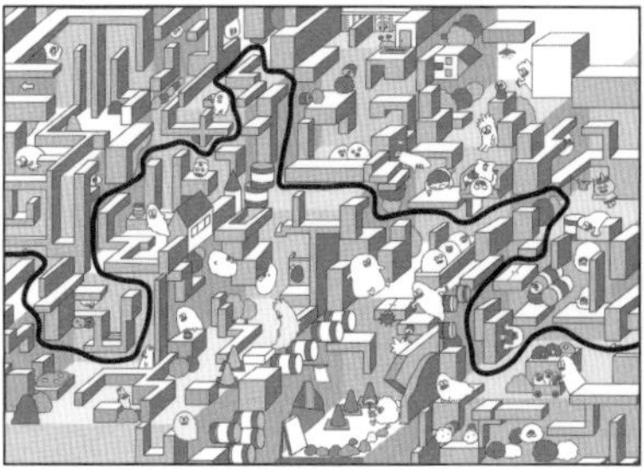

p140・141

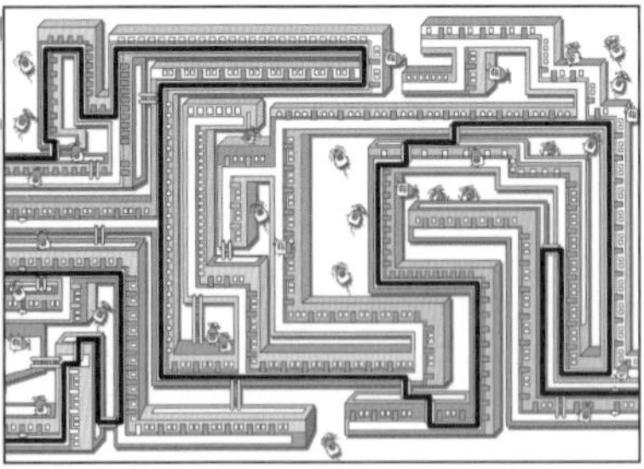

p139

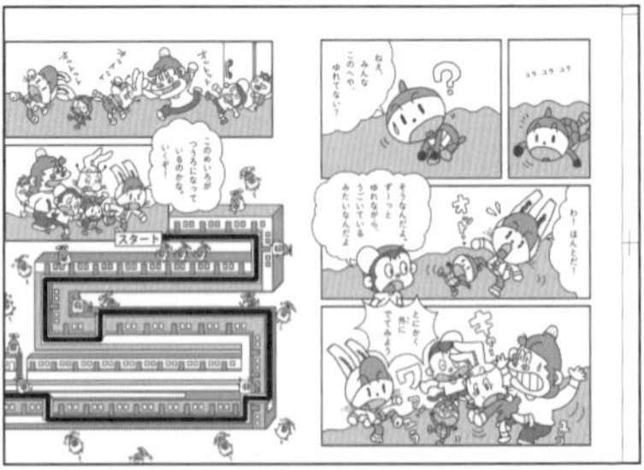

p144・145

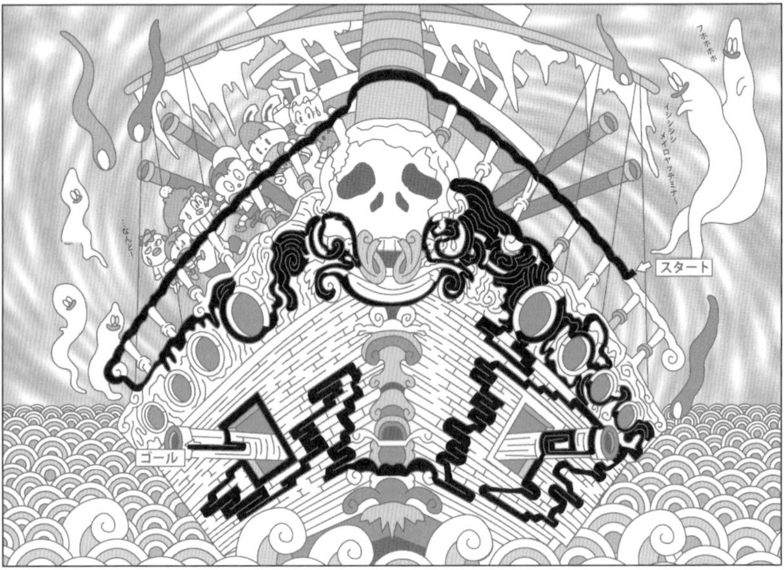

p142

p148

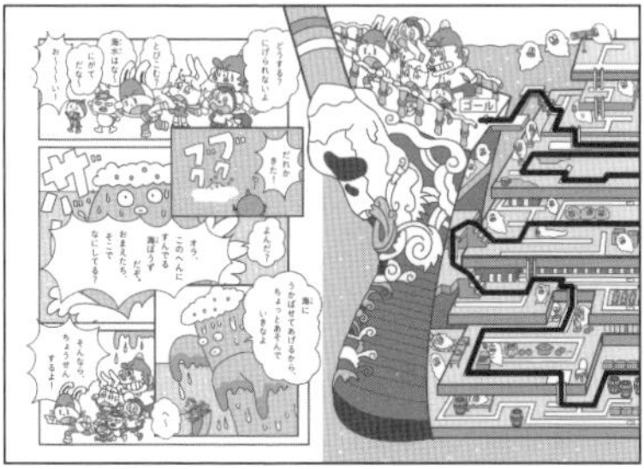

p146・147

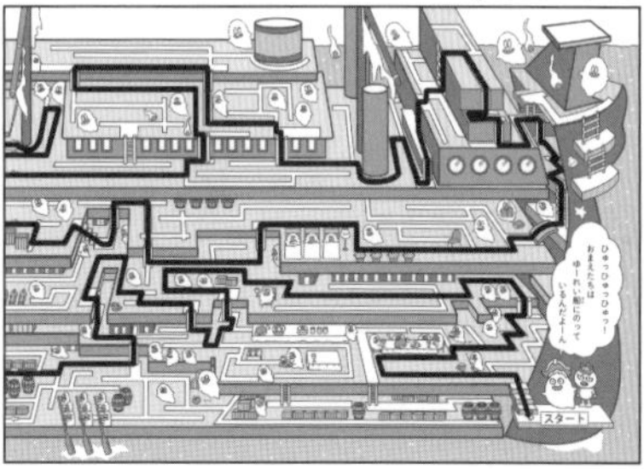

p152・153

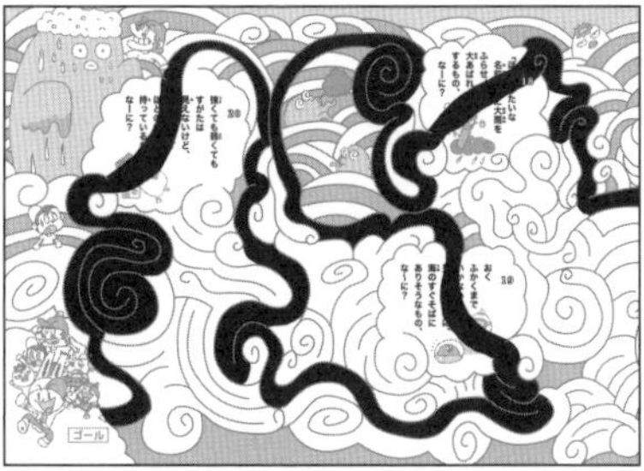

p150・151

p156・157

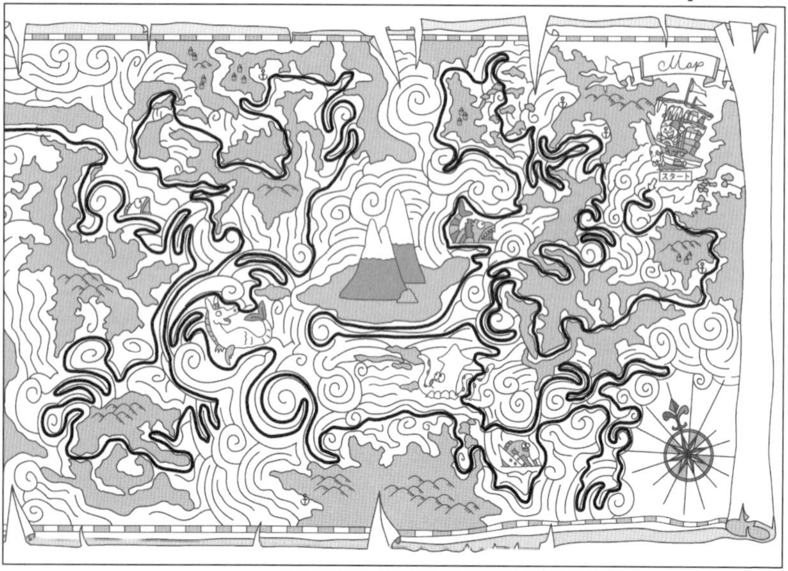

p160

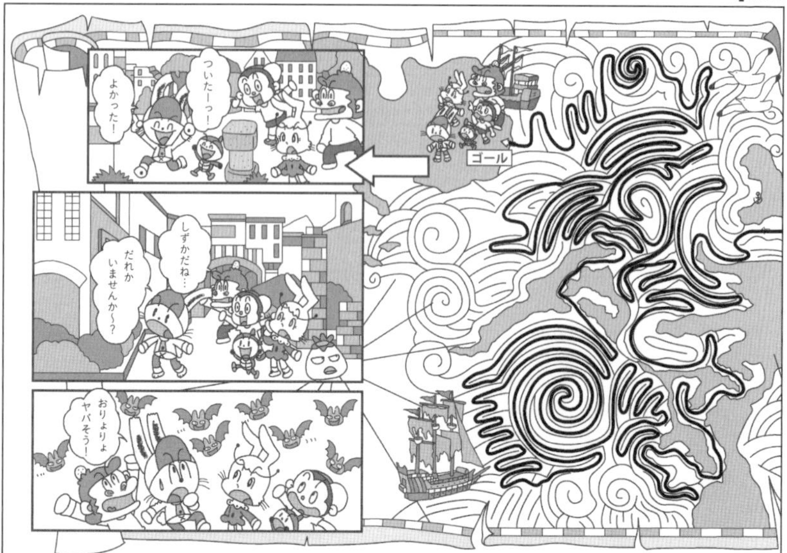

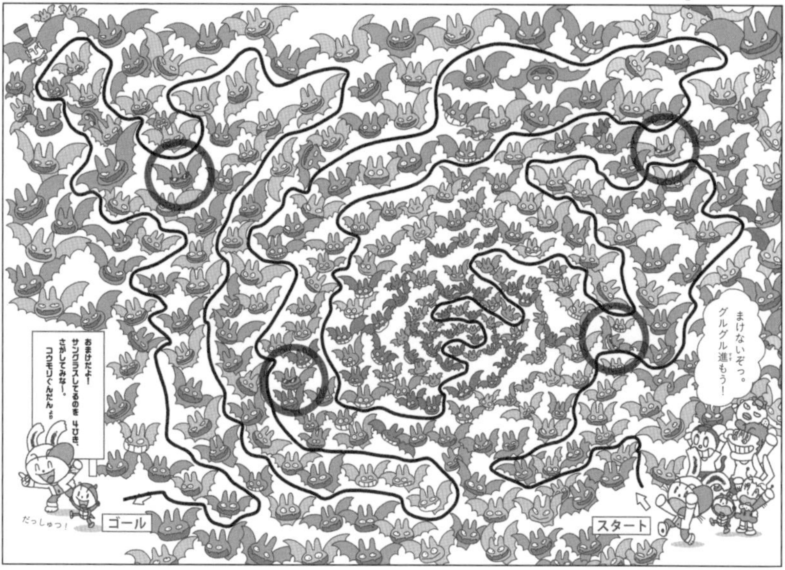
おまけだよ！
サングラスしてるのを 4ひき、
さがしてみな～。
コウモリぐんだんより
まけないぞっ。
グルグル進もう！
だっしゅつ！
ゴール
スタート

p164・165

p171

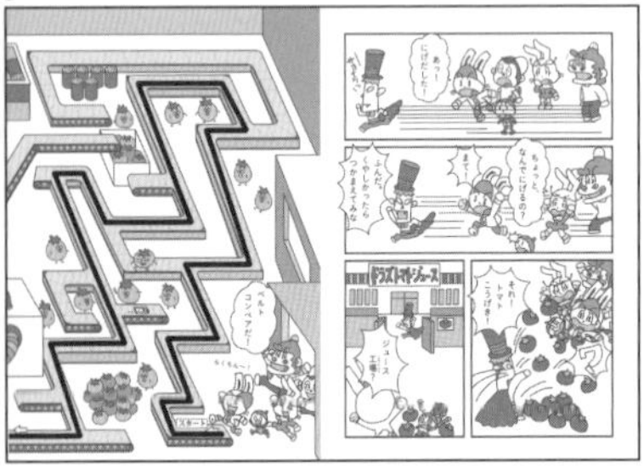

p177

p168・169

p167

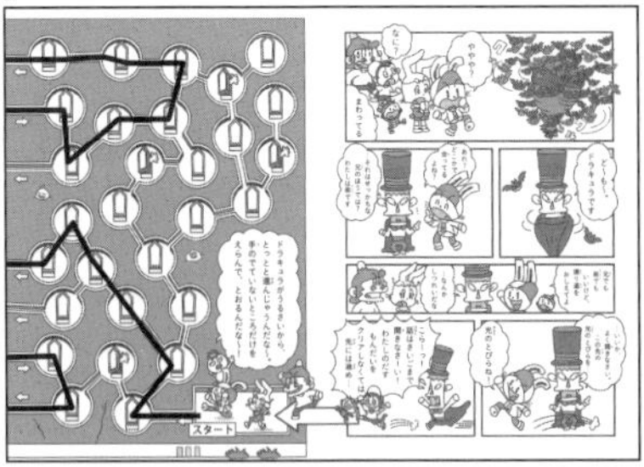

p174・175

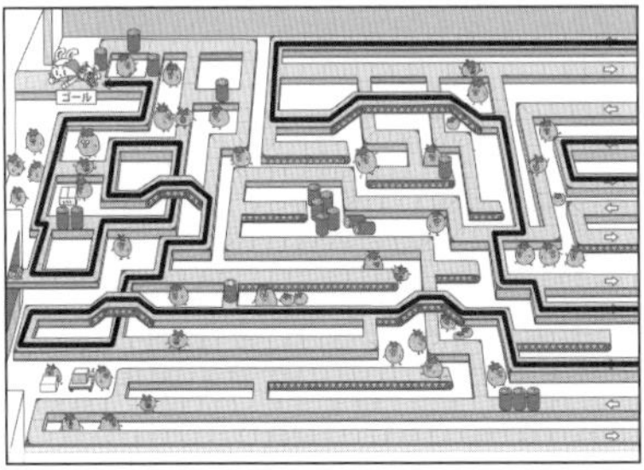

p172・173

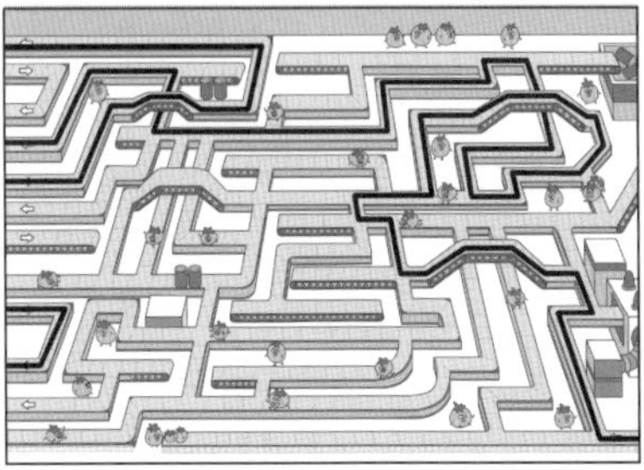

p182・183

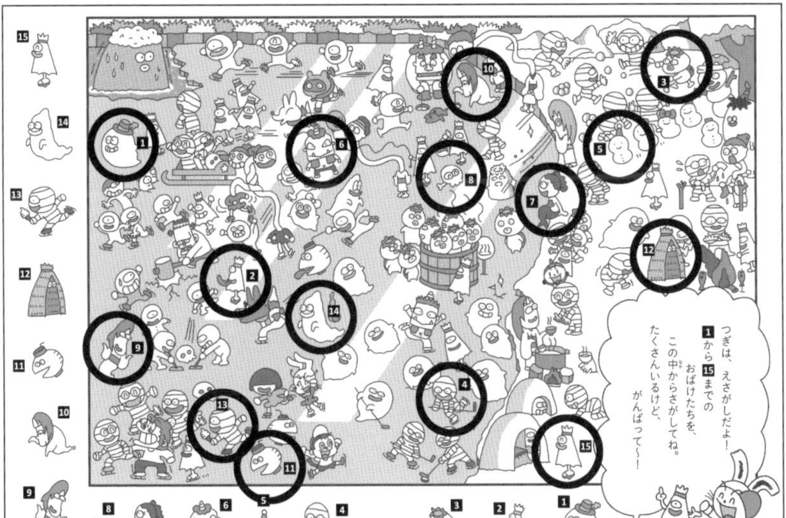

p184・185

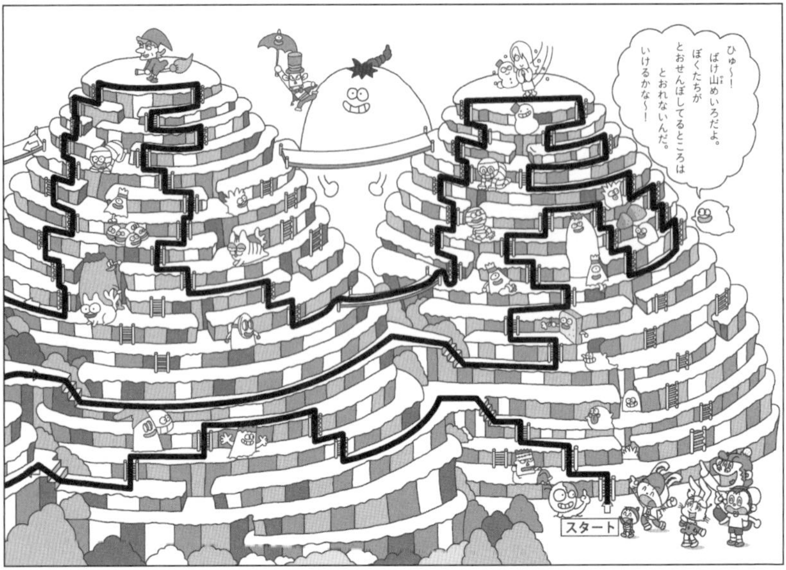

p190・191

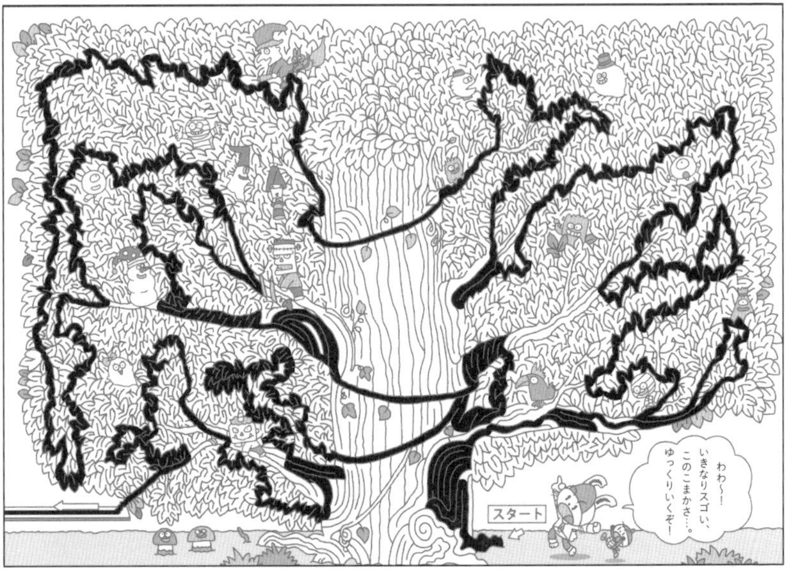

p186・187

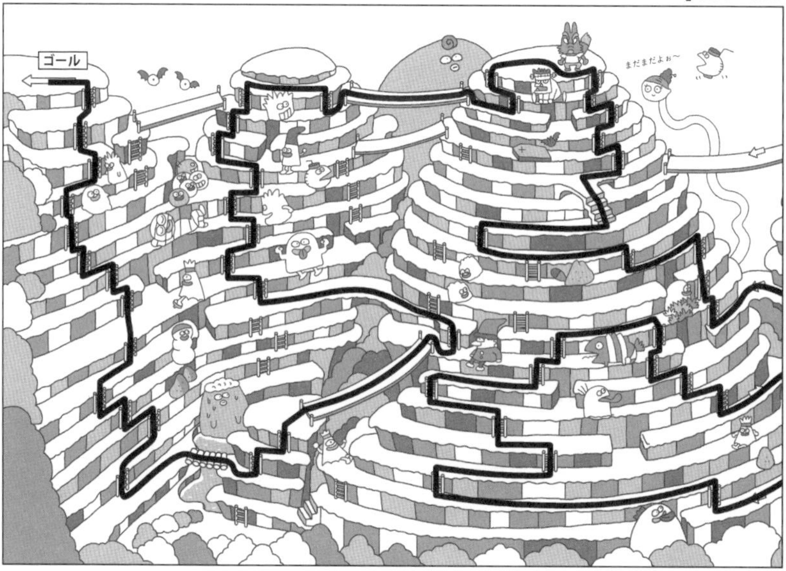

p192・193

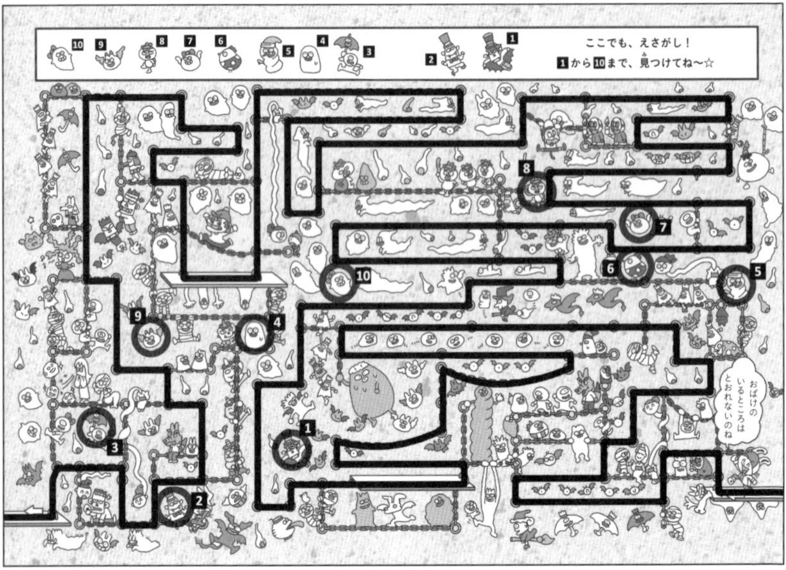

p196・197

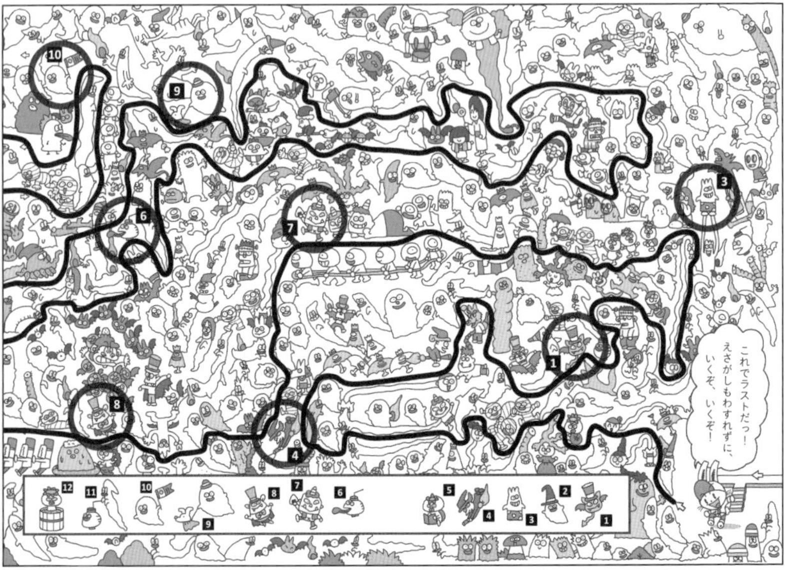

p194・195

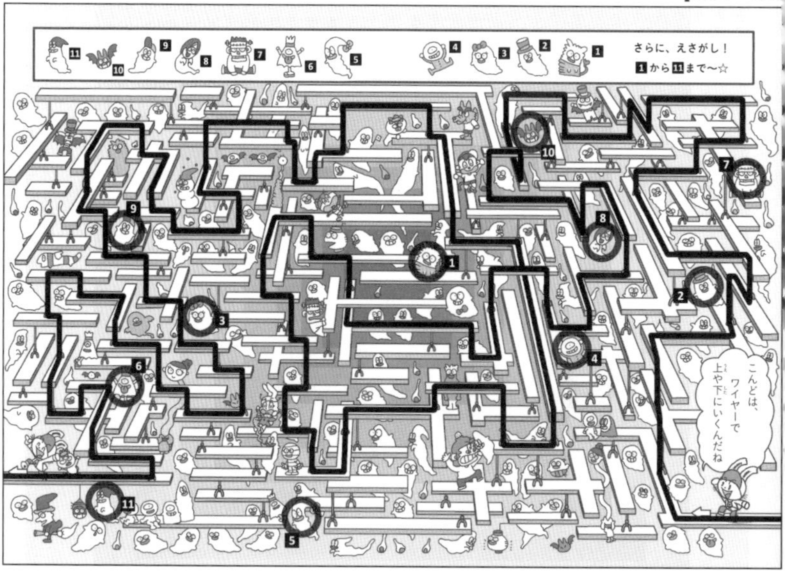

p198

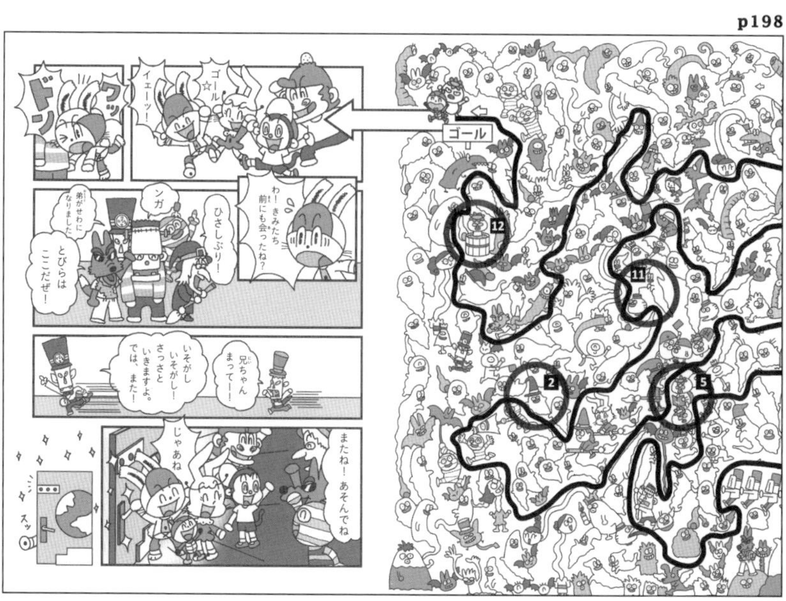

このみ・プラニング
1000万部を超える人気シリーズ「ぴょこたんのあたまのたいそう」の作者・このみひかるの制作を支えるプロダクションとして設立。のちに企画編集に携わり、『ぴょこたんのなぞなぞ1616』『ぴょこたんのめいろ101』『はじめての なぞなぞ ぴょこたんと あそぼう』(以上、あかね書房)など多数をサポート。現在は、このみひかるの作品や遊び、世界観を継承し、遊びの本の作・制作・編集などを幅広く手がけている。作品に「社会科・大迷路シリーズ」として『日本地理めいろ』(国土社)、『ネバーエンディングめいろ』(小峰書店)、『なぞなぞ名人全百科』(小学館)など作品多数。

ぴょこたんのなぞなぞめいろブック2
ちょうせん! おばけめいろ

このみ・プラニング

イラスト　やなぎみゆき
　　　　　岡本晃彦
編集協力　ぱぺる舎
　　装幀　鷹觜麻衣子

2016年8月25日　初版発行

発行者　岡本光晴
発行所　株式会社あかね書房
〒101-0065 東京都千代田区西神田3-2-1
電話 03-3263-0641(営業)　03-3263-0644(編集)
印刷所　錦明印刷株式会社
製本所　株式会社ブックアート

ISBN978-4-251-00482-6 NDC798 224p 18cm
http://www.akaneshobo.co.jp